Wanderführer Bodensee

mit Bodensee-Rundwanderweg

Die schönsten Wanderungen

- **Rundwanderungen**
- **Streckenwanderungen**

In Zusammenarbeit mit dem Deutschen Jugendherbergswerk

Kompass Wanderführer

Wanderführer Bodensee

mit Bodensee-Rundwanderweg

Ausgewählt, begangen
und beschrieben
von Brigitte Schäfer

Deutscher Wanderverlag
Dr. Mair & Schnabel & Co. · Stuttgart

wandern+ radwandern

Die große Wanderbuch-Reihe
für grenzenloses Wandern

Gesamte Kartographie:
Ing.-Büro Adolf Benjes

Umschlagbild
Bodensee-Ufer
(*Foto:* Bildarchiv Bodensee, Josef Flachs, Lindau)
und Bild auf Seite 2:
Überlingen, Seepromenade
(*Foto:* Bildarchiv Bodensee, Josef Flachs, Lindau)

5. Auflage 1993

ISBN 3-8134-0247-9

Zeppelinstraße 44/1, D-73760 Ostfildern

Satz: Gerda Kaul, D-73240 Wendlingen
Druck: Druckhaus Vogel GmbH, D-70771 Leinfelden-Echterdingen
Printed in Germany

INHALT

Bodensee-Rundwanderweg

* Radfahrweg

Rundwanderungen

* Radfahrweg

* Radfahrweg

Strandweg (Foto: Amt der Landeshauptstadt Bregenz)

Streckenwanderungen

* Radfahrweg

* Radfahrweg

Bilderverzeichnis

Orts- und Sachverzeichnis

mit Nummernangaben der betreffenden Wanderungen.
*Schräg*gedruckte Zahlen weisen auf Kurzbeschreibungen hin.

Zu Tour 35 Insel Reichenau, **Münster St. Maria und Markus**
(Foto: Verkehrsverein Insel Reichenau)

Herbststimmung am Untersee (Foto: Brigitte Schäfer)

Einleitung

Wer wandert, hat eine für Körper und Seele positive Lebensart gewählt. Wer am Bodensee wandert, findet eine heitere Landschaft mit unendlich vielen Möglichkeiten.

Da ist einmal der Bodensee selbst, mit seinen 540 Quadratkilometern nach dem Genfer See der zweitgrößte See Westeuropas. Während die Wassersportler hier ihr Dorado finden, locken den Wanderer die länderverbindenden Seeuferwege. Wo sonst kann er auf *einem* Uferweg drei Länder durchwandern, ist doch Österreich mit 26, die Schweiz mit 69 und die Bundesrepublik Deutschland mit 168 Uferkilometern rund um den See vertreten.

Um aber die ganze Vielfalt und Schönheit der Bodenseelandschaft zu erfahren, sollte der Wanderer auch in die Weinberge und Obstgärten hinaufsteigen, durch die Wälder des Bodanrück

Zu Tour 8, 55, 56 Markierte Rad- und Wanderwege
(Foto: Verkehrsamt Immenstaad)

Zu Tour 2 **Insel Werd** (Foto: Brigitte Schäfer)

streifen, auf den Höhen des Gehrenbergs, der Höri, des Schweizer Seerückens und des Pfänder stehen und die Flußläufe kennenlernen, die den See speisen, wie etwa den des Rhein, der Argen oder der Leiblach. Ruhe ist im grünen Hinterland auch dann noch dominant, wenn es in den Sommermonaten im Uferbereich recht lebhaft zugeht.

Hier wie dort kann niemandem verborgen bleiben, daß er sich in einer alten Kulturlandschaft bewegt. Klöster und Kirchen, Burgen und Schlösser lassen den Einklang zwischen Natur und Kunst empfinden.

Die Gefahren für den Bodensee und seine von ihm geprägte Landschaft hat man erkannt und ihnen konsequent entgegengewirkt. Das Wasser des Sees ist wieder sauber und die Orte um ihn herum bemühen sich um einen sanften Tourismus. Es muß das Bestreben aller Verantwortlichen, aber auch eines jeden Bodenseebesuchers sein, eine der größten und schönsten Erholungslandschaften zu schützen und zu erhalten.

Möge dieser Wanderführer zu vielen Wanderungen Anregung geben und bei der Ausführung ein guter Ratgeber sein.

Brigitte Schäfer

Geschichtlicher Überblick

50000–3000 v. Chr.	lebten bereits Jäger an den Ufern des Sees
etwa 3000–1800 v. Chr.	Jungsteinzeit. In dieser Zeit entstanden die Pfahlbauten u.a. am Überlinger See (Rekonstruktion in Uhldingen)
1000–400 v. Chr.	kamen die Kelten, gefolgt von
15. v. Chr.	den Römern
250 n. Chr.	siedeln sich die Alemannen an
5. Jh.	Endgültiges Ende der Römerherrschaft
um 600	Gründung Bistum Konstanz
917	Zerfall des Karolingischen Reichs und Bildung des schwäbischen Herzogtums und
1331	des ›Großen Schwäbischen Städtebundes‹
1489–1499	Schwabenkrieg
1618–1648	Während des Dreißigjährigen Krieges wird viel zerstört. Die Schweden belagern Konstanz, Überlingen und Lindau, sie besetzen Bregenz und die Insel Mainau.
Mitte bis Ende 19. Jh.	Bau der Eisenbahn und Beginn der Industrialisierung
1952	Aus den Ländern Baden, Württemberg-Hohenzollern und Württemberg-Baden wird das Bundesland Baden-Württemberg gegründet.

Der Bodensee auf einen Blick

Fläche	540 qkm
Länge	69 km (zwischen Bregenz und Stein am Rhein)
Breite	14 km
Größte Tiefe	250 m (zwischen Fischbach und Uttwil)

Touristische Auskünfte erteilt der
Internationale Bodensee-Verkehrsverein
Schützenstraße 8, D-7750 Konstanz

Zu Tour 10, 66 Langenargen, **Eriskircher Ried** (Foto: Verkehrsamt Langenargen)

Übersichtskarte der Bodensee-Wanderungen

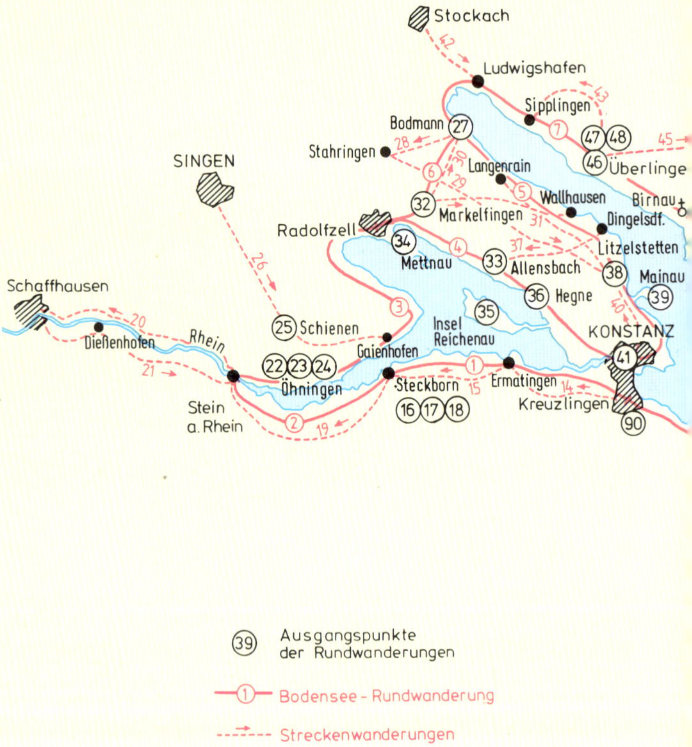

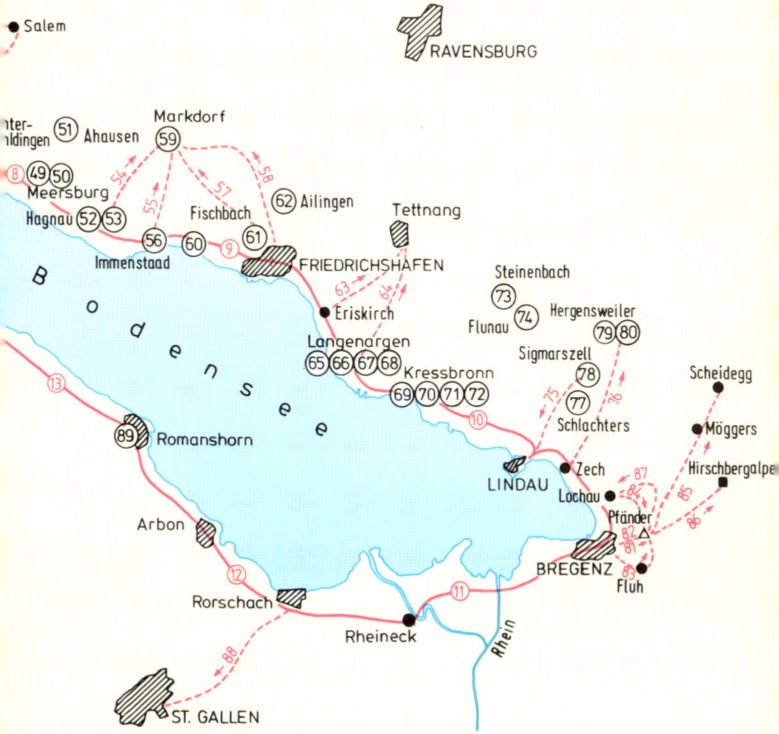
Salem
RAVENSBURG
...ter-
...ldingen
51
Ahausen
Markdorf
59
8
49
50
Meersburg
54
55
57
58
62
Ailingen
Hagnau
52
53
Fischbach
Tettnang
56
60
9
61
Immenstaad
FRIEDRICHSHAFEN
Bodensee
63
64
Eriskirch
Steinenbach
73
74
Flunau
Hergensweiler
79
80
Langenargen
65
66
67
68
Sigmarszell
78
Kressbronn
69
70
71
72
13
75
76
77
Scheidegg
Schlachters
10
Möggers
89
Romanshorn
Zech
LINDAU
87
Hirschbergalpe
Lochau
84
85
Pfänder
86
Arbon
82
81
BREGENZ
83
12
Fluh
11
Rorschach
Rheineck
Rhein
88
ST. GALLEN

Übersichtskarte der Bodensee-Schiffahrtslinien und Eisenbahnen

Bundesrepublik Deutschland
Fricklingen
Salem
von Ulm · Ravensburg
Markdorf
Meersburg
Tettnang
Hagnau
Immenstaad
von München · Kempten
Bodensee
Friedrichshafen
Autofähre
Eriskirch
Kressbronn
Kesswil
Langenargen
Scheidegg
Nonnenhorn
Bad Schachen
Romanshorn
Wasserburg
Lindau
Zech
Arbon
Bregenz
Pfänder
Staad
Rhein
St. Margarethen
Österreich
Rorschach
Rheineck
Heiden
Walzenhausen
St. Gallen
von Bludenz
von Chur

Der Bodensee-Rundwanderweg

Durch die Gemeinschaftsleistung von drei Ländern, fünf Vereinen und vielen ehrenamtlichen Mitarbeitern konnte der 300 km lange Wanderweg rund um den Bodensee am 25. Oktober 1970 vor der Wallfahrtskirche Birnau seiner Bestimmung übergeben werden. Als Wegmarkierung wurde ein blauer Punkt mit schwarzem umgreifenden Pfeil gewählt. Die Route verläuft zwar nicht ausschließlich auf Seeuferwegen, hält sich aber immer in Wassernähe. Wo negative Zeichen der Zeit den Wanderer stören könnten, werden in diesem Führer Ausweichmöglichkeiten angeboten.

Zu Tour 10, 75 **Luftaufnahme »Bayerischer Bodensee«,** im Vordergrund Nonnenhorn, Halbinsel Wasserburg und Insel Lindau

(Foto: Verkehrsverein Nonnenhorn/Franz Thorbecke)

1 Kreuzlingen – Gottlieben – Ermatingen – Mannenbach – Berlingen – Steckborn

Verkehrsmöglichkeiten Bahn, Schiff.
Parkmöglichkeiten Kreuzlingen: Hafengelände.
Wegmarkierung Bodensee-Rundwanderweg-Zeichen und gelbe Wegweiser.
Tourenlänge 16 km.
Wanderzeit 4 Stunden.
Höhenunterschiede Unwesentlich.
Wanderkarte 1:50000 Bodensee Westlicher Teil, Kompass Nr. 1a.
Wissenswertes *Gottlieben* Schöne Riegelhäuser, besonders das »Waaghaus« und die »Drachenburg« (heute berühmte Hotels und Restaurants). Im Schloß (1251) wurde während des Konstanzer Konzils der Reformator Hus gefangengehalten.

Ermatingen Altes Fischerdorf mit vielen Fachwerkhäusern und Gasthöfen (Fischspezialitäten).

Mannenbach Am Berghang die Schlösser Arenenberg (Napoleon-Museum), Salenstein und Eugensberg.

Berlingen Auf einer Landzunge gelegen mit Kehlhof des Klosters Reichenau (1686).

Steckborn Altes Städtchen mit Resten der mittelalterlichen Stadtmauer, sehenswerten Fachwerkbauten (Rathaus von 1667) und dem »Turmhof« direkt am See (heute Heimatmuseum).

Tourenbeschreibung Vom Kreuzlinger Hafen gehen wir westwärts über einen Bahnübergang, überqueren die Straße und kommen in der eingeschlagenen Richtung zum *Zollamt Emmishofen.* Richtung Tägerwilen, am Grenzbach entlang, erreicht man die von Konstanz nach Tägerwilen führende Autostraße. Nach etwa 300 Metern weist das Bodensee-Rundwanderweg-Zeichen den Weg zum Rhein. An seinem Ufer entlang geht es nach *Gottlieben.* Obwohl die Wanderroute durch die Dorfmitte führt, sollte niemand den kleinen Abstecher zum hier sehr stimmungsvollen Seerheinufer versäumen. Durch Schilfgelände wandern wir nach *Ermatingen* mit seinen alten Fachwerkhäusern am See und erreichen immer am Ufer entlang *Mannenbach* und *Berlingen.* Bevor es ins Dorf Berlingen geht, führt der Wanderweg über einen Bahnübergang, leicht ansteigend durch Buchenwald und mit überraschenden Ausblicken zum *»weißen Felsen«.* Über Treppen und durch Rebland (hier gedeiht der Steckborner Wein) genießen wir den Abstieg nach *Steckborn.*

Untersee
N
Stad
Ermatingen
ehem. Pfahlbauten
Naturschutz-
Ried
gebiet
Strohmeyersdorf
Konstanz
Paradies
Ziegelhof
Zollhaus
Rhein
Gottlieben
Agerstenbach
13
Kreuzlingen
Schweiz
Emmis-
hofen
Unter-
Fruthwilen
Schloß Wolfsberg
Triboltingen
Tägerwilen
Castel
0
0,5
2 km

Gaienhofen
Schloß
Untersee
Berlingen
Eschlibach
Mannenbach
Stad
Milzen-
riet
Nächsthorn
Steckborn
13
Unter-
Salenstein
Ober-
Unter-
Dorf
Heeristobel
Baholz
Fruthwilen
Ober-
Salen-Reutenen
Eigen
Büren
0
0,5
2 km

2 Steckborn – Mammern – Stein am Rhein

Verkehrsmöglichkeiten Bahn, Schiff.
Parkmöglichkeiten Bahnhof oder Seeschulhaus Steckborn.
Wegmarkierung Bodensee-Rundwanderweg-Zeichen und gelbe Wegweiser.
Tourenlänge 13 km.
Wanderzeit 3 Stunden.
Höhenunterschiede Unwesentlich.
Wanderkarten 1:50000 Bodensee Westlicher Teil, Kompass Nr. 1a.
Wissenswertes *Steckborn* siehe Nr. 1.

Stein am Rhein Erhaltenswertes mittelalterliches Bilderbuchstädtchen. Viele alte bemalte Bürgerhäuser mit Erkern, besonders am Rathausplatz. Romanische Kirche (11. Jh.) beim Kloster St. Georgen (Museum). Über der Stadt die Burg Hohenklingen.

Tourenbeschreibung Beim Bahnhof in *Steckborn* weist ein gelber Wegweiser Richtung Mammern. Nach einer Bahnunterführung geht man links der Bahnlinie entlang bis nach *Glarisegg.* Etwa 300 Meter Hauptstraße lassen sich nicht vermeiden, dann wandern wir bei den Gebäuden der heutigen Bildungsstätten hinunter zum Uferweg nach *Mammern.* Hier überqueren wir

Zu Tour 1, 2, 15, 16, 17, 18, 19 **Rathausplatz Stein am Rhein/Schweiz**
(Foto: Verkehrsverein Stein am Rhein)

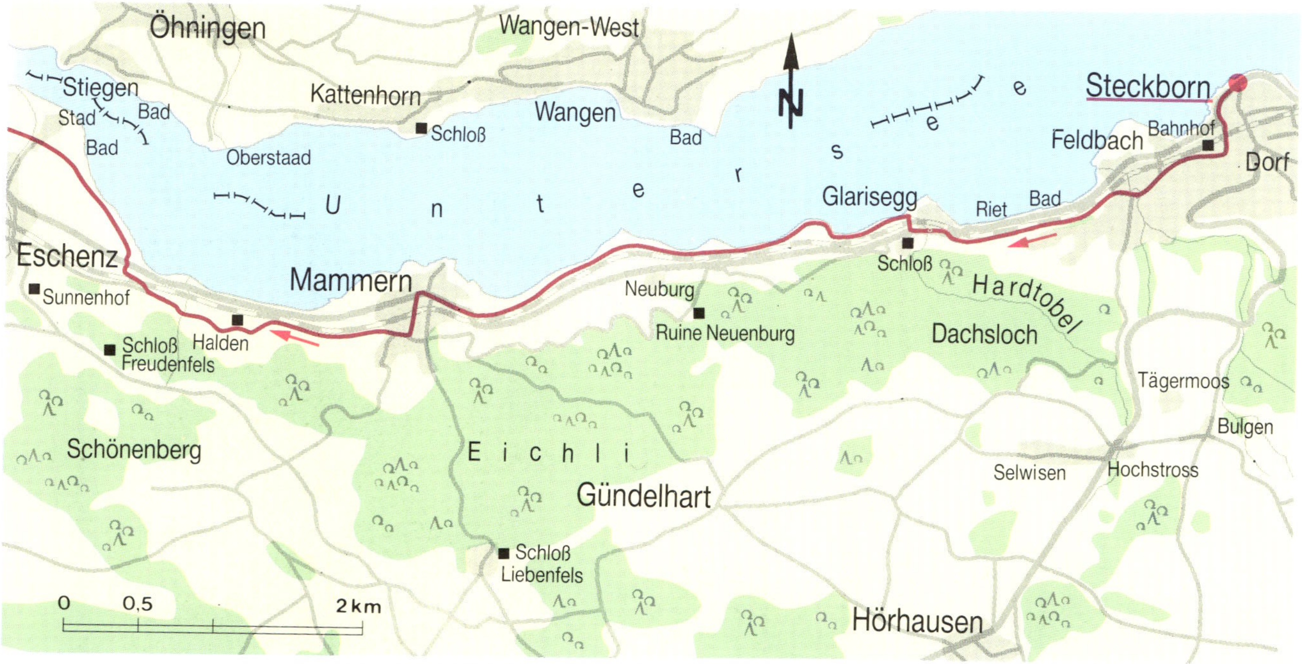
Öhningen
Wangen-West
Stiegen
Stad
Bad
Bad
Kattenhorn
Schloß
Wangen
Bad
Oberstaad
Untersee
Steckborn
Feldbach
Bahnhof
Dorf
Glarisegg
Riet
Bad
Eschenz
Sunnenhof
Mammern
Neuburg
Ruine Neuenburg
Schloß
Hardtobel
Dachsloch
Schloß Freudenfels
Halden
Schönenberg
Eichli
Gündelhart
Schloß Liebenfels
Tägermoos
Bulgen
Selwisen
Hochstross
Hörhausen
0
0,5
2 km

kurz vor dem Bahnhof die Bahnlinie. Zunächst entlang dieser (Wegbezeichnung »Rundweg Chlingenzell«), dann zu den *Haldenhöfen* (Aussicht) führt unser Weg zum Etappenschluß noch einmal ans Seeufer. Hier, wo der Untersee endgültig zum Rhein wird, liegt die *Insel Werd* (freier Zutritt über eine Brücke) mit der St. Othmars-Kapelle, in der das Grab des 759 verstorbenen heiligen Othmar, Abt von St. Gallen, verehrt wird. Das letzte Stück Uferweg bis *Stein am Rhein* zeigt die Schönheiten dieser Landschaft besonders eindrücklich.

Bodensee-Rundwanderweg-Zeichen (Foto: Brigitte Schäfer)

Am Bodensee (Foto: Klaus Puntschuh)

3 Stein am Rhein – Öhningen – Langenmoos – Gaienhofen – Radolfzell

Verkehrsmöglichkeiten Stein am Rhein und Radolfzell: Bahn, Bus, Schiff.
Parkmöglichkeiten Große Parkplätze außerhalb der Stadt.
Wegmarkierung Bodensee-Rundwanderweg-Zeichen und gelbblaue Raute auf weißem Grund.
Tourenlänge 23 km. **Wanderzeit** 6 Stunden.
Höhenunterschiede 280 m.
Wanderkarte 1:50000 Bodensee West, Kompass Nr. 1a.
Abstecher Zum Bützefelsen, 200 m vor Langenmoos rechts abbiegen (beschildert), Rastplatz mit Aussicht.
Abkürzung des Bodensee-Rundwanderweges: Kurz nach Langenmoos steiler Abstieg (wenig Aussicht) über Bankholzen bis Moos (6 km).
Anmerkung Grenzüberschreitender Weg. Personalausweis!
Wissenswertes *Öhningen* Dorf am Hang, alte Niederlassung, im 8. Jahrhundert urkundlich als Oningas genannt. Das Kloster wurde 965 von einem Grafen Cuno gestiftet.

Gaienhofen Im Schloß (12. Jh.), einem Sitz der Obervögte des Bistums Konstanz, war die Keimzelle der Schule, die als Internatsschule die Struktur des alten Fischer- und Bauerndorfes

Schweiz
0
0,5
2 km
Schienen
Steinhalde
Schloßbühl
Ferdinandslust
Langenmoos
Burg Höhenklingen
Hohe
Holz
Bütze-
felsen
Schiener Berg
Rhein
Ober-
Salen
Unter-
Ziegelhof
Wagen-
hausen
Stein
am Rhein
Ennetbruck
Öhningen
Hebsack
Aspenhof
Stiegen
Wangen-West
Unter-
Eschenz
Ober-
Bad
Kattenhorn
Schloß
Wangen
Bad
Untersee

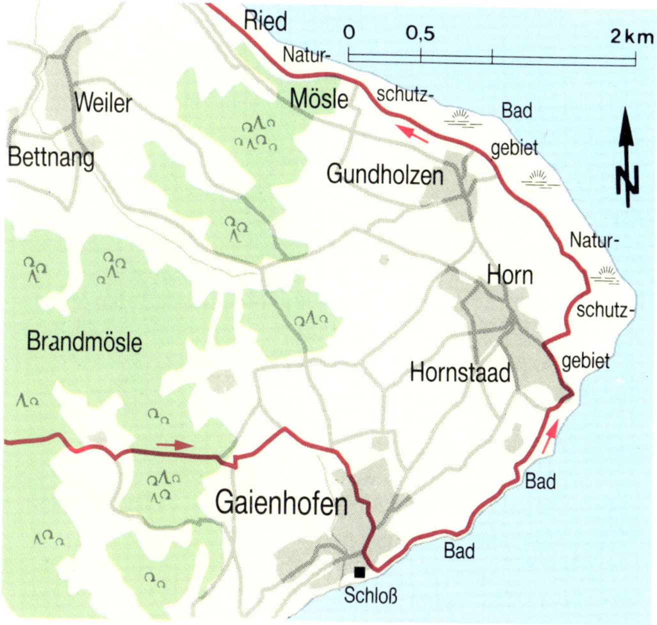
Ried
0 0,5 2km
Natur-
schutz-
gebiet
Mösle
Bad
Weiler
Bettnang
Gundholzen
Natur-
schutz-
gebiet
Horn
Brandmösle
Hornstaad
Gaienhofen
Bad
Bad
Schloß

Naturschutzgebiet
Langen Loos
Bahnhof
Radolfzell
am Bodensee
Natur-
schutz-
gebiet
Zeller See
Moos
Iznang
Bankholzen
Ried
Weiler

stark beeinflußt hat. Wahlheimat des Schriftstellers Hermann Hesse von 1904 bis 1912. Höri-Museum u.a. mit Finckh-Raum, Hesse-Trakt, Galerie, historischer Wohn- und Schlafstube.

Tourenbeschreibung Wir verlassen *Stein am Rhein* Richtung Grenzübergang und erreichen bald danach *Öhningen.* Der Weg steigt nun leicht an und bietet immer umfassendere Ausblicke auf Seerhein, Untersee und Schweizer Seerücken. Nachdem wir den *Aspenhof, Ziegelhof* und *Salenhof* (ehemalige Herrensitze) passiert haben, erreichen wir durch ein Waldstück ansteigend auf einer weiten Hochfläche die Höfe von *Langenmoos.* Kurz danach führt der Wanderweg rechts hinunter auf den Waldrand zu und weiter Richtung *Gaienhofen.* Nun immer am Bodenseeufer entlang über *Horn, Gundholzen, Iznang* und *Moos* nach *Radolfzell.*

4 Radolfzell – Markelfingen – Allensbach – Hegne – Konstanz

Verkehrsmöglichkeiten Bahn, Bus, Schiff.
Parkmöglichkeiten Parkdeck am Bahnhof Radolfzell.
Wegmarkierung Bodensee-Rundwanderweg-Zeichen.
Tourenlänge 24 km. **Wanderzeit** 6½ Stunden.
Höhenunterschiede 100 m.
Wanderkarte 1:50000 Bodensee Westlicher Teil, Kompass Nr. 1a.
Abstecher Insel Reichenau, Tierpark Bodanrück.
Wissenswertes *Radolfzell* siehe Nr. 6.

Konstanz Nachweisbar seit der Jungsteinzeit besiedelt. Von den Römern wurde die Zivilstadt »Constantia« gegründet. Um 590 Gründung des Bistums Konstanz. 1414–1418 Konstanzer Konzil mit der einzigen Papstwahl auf deutschem Boden. Liebfrauenmünster, im 11. Jahrhundert erbaute romanische, dreischiffige Säulenbasilika. Zahlreiche historische Bauten, u.a. Schnetztor, Rathaus, Haus zur Kunkel, Haus zum guten Hirten, Haus zum Rosgarten (Museum). Bodensee-Naturkundemuseum in der Katzgasse.

Anmerkung Die klassische Wanderroute wird derzeit wegen Bau einer Autoschnellstraße zwischen Markelfingen und Allensbach umgeleitet (siehe Tourenbeschreibung).

Tourenbeschreibung Vom Bahnhof *Radolfzell* gehen wir zunächst stadteinwärts, um später über die *Konstanzer Straße* der Markierung folgend die Stadt wieder zu verlassen. Weiter Rich-

tung Möggingen biegen wir in einem Waldstück rechts ab und erreichen vorbei am *Gasthof Kapelle* den Ort *Markelfingen*. Hier führt uns eine markierte Umleitung wegen des Autobahnbaus zunächst Richtung Mindelsee. Unmittelbar nach der Autobahnunterführung zweigen wir rechts ab, treten nun in den Wald ein, überqueren die Kreisstraße Markelfingen – Langenrain und kommen bald auf gut markiertem Weg wieder auf die klassische Route zurück. Auf dieser nun etwa 3 Kilometer durch abwechslungsreichen Mischwald, bis auf einer Anhöhe der Blick auf den See und Allensbach frei wird. Den Ort erreichen wir nach Überquerung der B 33.

Von *Allensbach* geht es leicht bergan zum Aussichtspunkt *Röhrenberg*. Der Blick reicht vom Gnadensee über die Höri bis zum Schweizer Seerücken. Am südlichen Waldrand entlang gelangen wir nach *Hegne*. Man wandert durch den Ort, am *Kloster Hegne* links vorbei und geradeaus in ein Waldstück. Immer in östliche Richtung zunächst durch Wald, dann am Waldrand entlang, stößt man auf die Landstraße Wollmatingen – Dettingen. Diese wird überquert. Bald führt der Weg nach links durch Felder bis zur Litzelstetter Straße, die wir ebenfalls überqueren.

Immer dem Bodensee-Rundwanderweg-Zeichen folgend erreichen wir *St. Katharina* (ehem. Kloster), wandern gleich darauf nach rechts und erreichen durch den Mainauwald die Nähe der Universität. Entweder über *Friedrichstraße, Zähringer Platz* und *Alte Rheinbrücke* in den *Konstanzer Stadtkern* oder ab der Haltestelle Jacob-Burkhardt-Straße am Rande des Mainauwaldes mit dem Bus in die Stadt.

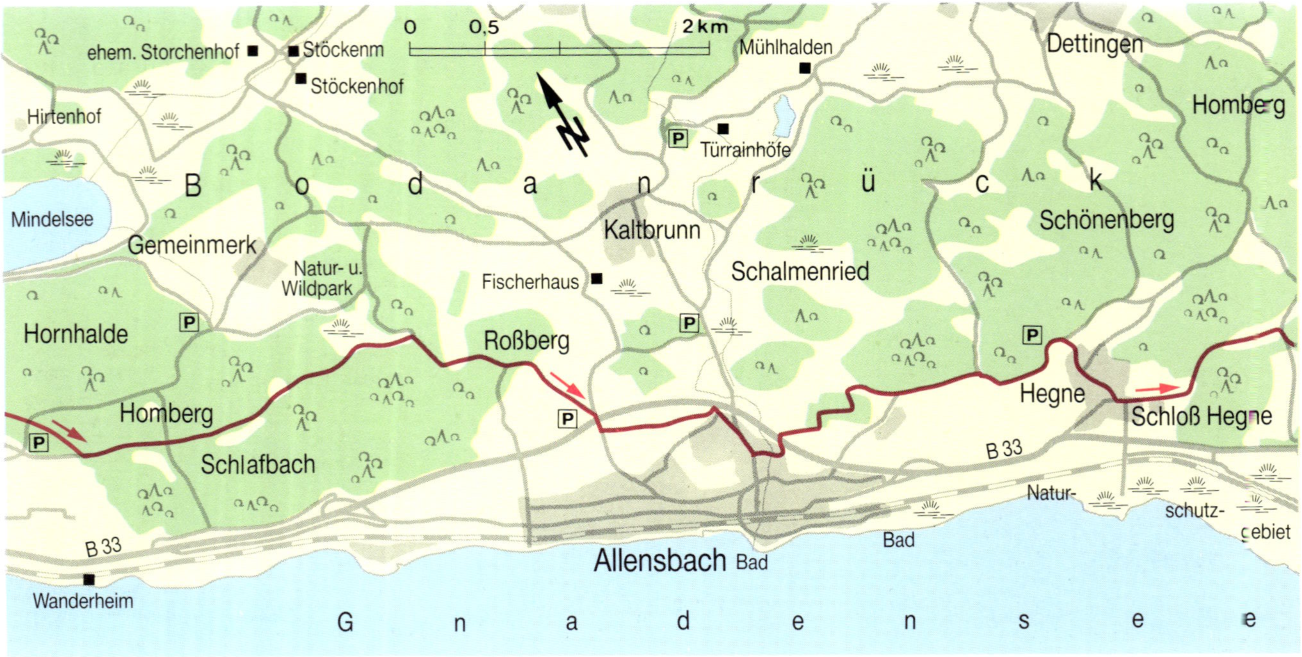
0
0,5
2 km
ehem. Storchenhof
Stöckenm
Stöckenhof
Mühlhalden
Dettingen
Hirtenhof
Homberg
Türrainhöfe
B o d a n r ü c k
Mindelsee
Kaltbrunn
Schönenberg
Gemeinmerk
Natur- u.
Wildpark
Fischerhaus
Schalmenried
Hornhalde
Roßberg
Hegne
Homberg
Schloß Hegne
Schlafbach
B 33
Natur-
schutz-
gebiet
Bad
B 33
Allensbach
Bad
Wanderheim
G n a d e n s e e

St. Katharina
ehem. Kloster
0
0,5
2 km
Homberg
Mainauwald
Allmannsdorf
Petershausen
Fürstenberg
Wollmatingen
Adelheiden
ehem. Kloster
Röm. Niederlassung
Konstanz
Rhein
Waldsiedlung
Psych. Landeskrankenhs.
Landeplatz Konstanz
Bahnhof
Reichenau
Schloß Hegne
Haltepunkt Reichenau - Walds.
Paradies
Stromeyersdorf
Gieren-moos
Wollmatinger
Natur-
schutz-
Ried
gebiet
Schweiz
Kreuzlingen
Emmis-hofen
G n a d e n s e e
nach Reichenau
ehem. Pfahlbauten
Rhein

5 Konstanz – Mainau – Dingelsdorf – Bodman

Verkehrsmöglichkeiten Bahn, Bus, Schiff.
Parkmöglichkeiten Parkhäuser Fischmarkt und an der Laube.
Wegmarkierung Bodensee-Rundwanderweg-Zeichen.
Tourenlänge 25 km.
Wanderzeit 6 Stunden.
Höhenunterschiede Keine.
Wanderkarte 1:50000 Bodensee Westlicher Teil, Kompass Nr. 1a.
Abstecher Marienschlucht siehe Nr. 33.
Wissenswertes *Insel Mainau* siehe Nr. 39.

Bodman, am Westzipfel des Überlinger Sees gelegen, ist eine der ältesten Siedlungen im Bodenseeraum und gab dem See seinen Namen. Pfarrkirche mit Fundamenten aus der Karolingerzeit. Schloß der Grafen von Bodman in weitläufigem Park. Torkelbau mit alten Weinpressen. Über dem Ort Ruine Alt-Bodman und die kleine Wallfahrt Frauenberg.

Tourenbeschreibung Wir verlassen *Konstanz* über die *alte Rheinbrücke,* biegen nach rechts in die *Seestraße* ein und wandern um das *Konstanzer Horn* nach *Staad* (Autofähre nach

Zu Tour 29, 30 **Radolfzell-Güttingen,** im Hintergrund der **Mindelsee**
(Foto: Verkehrsamt Radolfzell)

N
0
0,5
2 km
Bad
Litzelstetten
Überlinger-
Natur-
schutz-
gebiet
Schloß
Insel
Mainau
see
St. Katharina
ehem. Kloster
Mainauwald
Egg
Universität
Fürstenberg
Allmannsdorf
Staad
Petershausen
Bad
Seeheim
Bad
Konstanz
Kreuzlingen

Überlingen
Überlinger See
N
Bad
Fließhorn
Natur-
schutz-
gebiet
Neuhof
Bad
Dingels-
dorf
Bad
Teufelstisch
Burghof
Wallhausen
Oberdorf
Litzelstetten
Faustenholz
Rohnhausen
Dettingen
Homberg
0
0,5
2 km

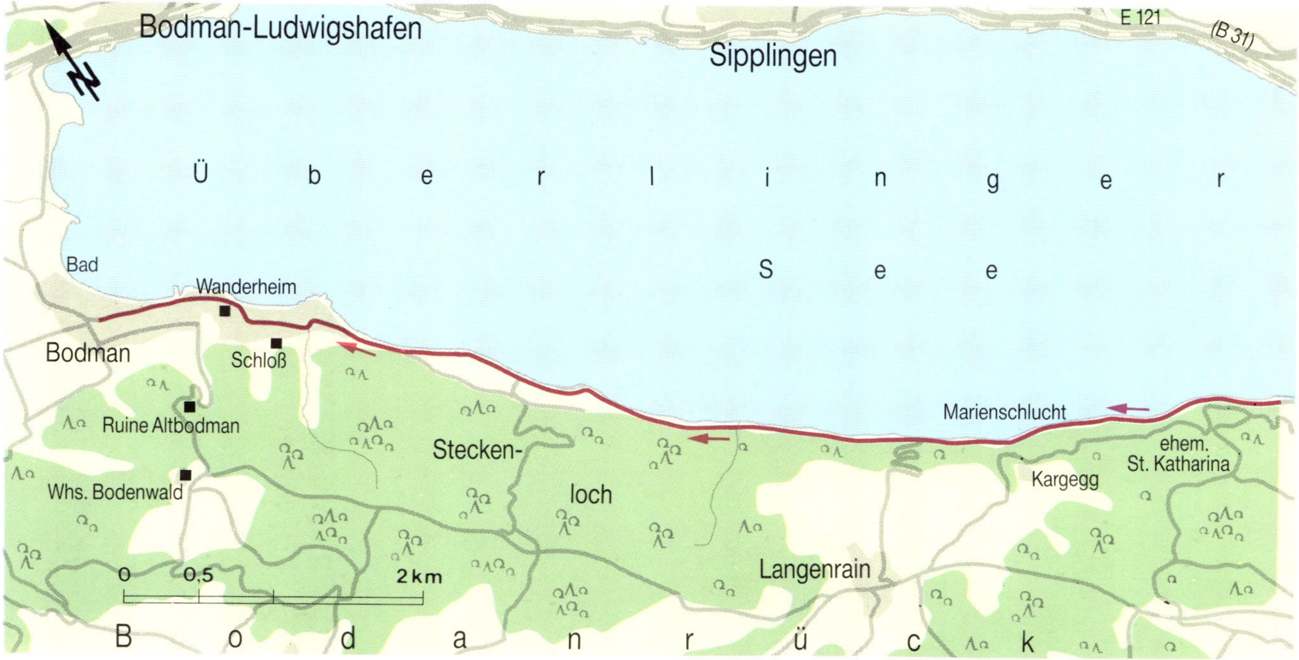
Bodman-Ludwigshafen
E 121
(B 31)
Sipplingen
Überlinger
See
Bad
Wanderheim
Bodman
Schloß
Ruine Altbodman
Whs. Bodenwald
Stecken-
loch
Marienschlucht
ehem.
St. Katharina
Kargegg
Langenrain
0
0,5
2 km
Bodanrück

Meersburg). Nun ist die weltbekannte *Blumeninsel Mainau* (siehe Nr. 39) nicht mehr weit, die am Ufer entlang und über den Ortsteil *Egg* erreicht wird. Die nächsten Punkte sind *Litzelstetten* und *Dingelsdorf,* zwei freundliche Dörfer, die sich trotz Neubaugebieten ihren ländlichen Charakter erhalten haben. Ab dem beliebten Ferienort *Wallhausen* haben wir als Etappenschluß noch eine genußreiche Wanderung am Bodanrück und dem Ufer des Überlinger Sees entlang bis nach *Bodman* vor uns. Schöne Ausblicke auf die gegenüberliegende Seeseite mit Überlingen, Sipplingen und Ludwigshafen sorgen für Abwechslung. Außerdem ist ein Abstecher in die romantische Marienschlucht (ab Rastplatz mit Blockhütte und Hinweisschild) zu empfehlen. Den etwa einen Kilometer langen, angelegten Weg bitte nicht verlassen, Absturzgefahr!

Zu Tour 5 **Blick vom Bodanrück auf Überlingen** (Foto: Brigitte Schäfer)

6 Radolfzell – Markelfingen – Liggeringen – Bodman

Verkehrsmöglichkeiten Radolfzell: Bahn, Bus, Schiff; Bahnbus Radolfzell – Bodman.
Parkmöglichkeiten Parkdeck am Bahnhof Radolfzell.
Wegmarkierung Bodensee-Rundwanderweg-Zeichen.
Tourenlänge 15 km. **Wanderzeit** 4 Stunden.
Höhenunterschiede 280 m.
Wanderkarte 1:50000 Bodensee West, Kompass Nr. 1a.

0
0,5
2 km
N
B 34
Bodman
Wanderheim
Ruine Altbodman
Whs. Bodenwald
Bodanrück
Güttingen
Liggeringen
Möggingen
Ried
Dürrenhof
Hirtenhof
Hart
Natur-
schutz-
gebiet
Mindelsee
Radolf-
zell
Hornhalde
Markelfinger
Winkel
Markelfingen

Wissenswertes *Radolfzell* am nördlichen Ende des Zeller Sees gelegen. Der Name stammt von Bischof Rathold von Verona, der 826 hier eine Zelle gründete. Die heute noch am 3. Sonntag im Juli, dem Hausherrentag, stattfindende Wasserprozession erinnert an die Heiligen, die als Hausherren von Radolfzell galten und deren Reliquien von Moos her über den See gebracht worden sein sollen. Spätgotisches Liebfrauenmünster. Erhaltene Reste der Stadtbefestigung.
Anmerkung Dieser direkte Weg über den Bodanrück bietet sich als Abkürzung an, während der komplette Bodensee-Rundwanderweg um den Bodanrück herumläuft (siehe Nr. 4, 5).
Tourenbeschreibung Gegenüber dem Bahnhof die *Seetorstraße* hinauf, rechts ab über die *Tegginger Straße* auf die *Konstanzer Straße* und zur *St.-Anna-Kapelle.* Hier finden wir einen ausführlichen Wegweiser des Bodensee-Rundwanderweges. Das bekannte Symbol ist ständiger Begleiter bis *Markelfingen* und zum *Mindelsee.* Wir erwandern sein südliches und östliches Ufer und erreichen über den *Hirtenhof* das Dorf *Liggeringen.* Beim Gasthof Kranz geht es auf einem schmalen Fußweg steil bergauf, bis ein breiter Waldweg kreuzt. Diesem folgen wir nach rechts, genießen noch einmal die schöne Aussicht und zweigen etwa 200 Meter nach Waldeintritt links ab. Dem Bodensee-Rundwanderweg-Zeichen folgend über das *Hofgut Bodenwald* (Bisongehege) und die *Ruine Altbodman* hinunter nach *Bodman.*

Zu Tour 34 Radolfzell-Mettnau, **Scheffelsschlößle** (Foto: Verkehrsamt Radolfzell)

Zu Tour 7, 8 **Pfahldorf-Museum Unterhuldingen** (Foto: Reinhard Kuntzke)

7 Bodman – Ludwigshafen – Überlingen – Nußdorf – Birnau – Unteruhldingen

Verkehrsmöglichkeiten Bus, Schiff.
Parkmöglichkeiten Hafen und Waldparkplatz am östlichen Dorfende.
Wegmarkierung Bodensee-Rundwanderweg-Zeichen.
Tourenlänge 25 km.
Wanderzeit 7 Stunden.
Höhenunterschiede 300 m.
Wanderkarte 1:50000 Bodensee Westlicher Teil, Kompass Nr. 1a.
Wissenswertes *Bodman* siehe Nr. 5.

Ludwigshafen, das bis zum Bau des Hafens Sernatingen hieß und sich seitdem nach dem Großherzog Ludwig von Baden benennt, ist heute ein Fremdenverkehrsort.

Überlingen St.-Nikolaus-Münster mit Hochaltar des Jörg Zürn, Rathaus (15. Jh.), Museum im Reichlin von Meldeggsche Patrizierhof (neben Gemälden und heimatkundlichen Sammlungen originelle Puppenstuben). Von der ehemaligen Befestigung sind noch Teile des Stadtgrabens, Aufkircher- und Franziskanertor sowie einige Türme erhalten.

Gletschermühle und *Goldbach* siehe Nr. 43.

Birnau siehe Nr. 44.

Unteruhldingen mit Rekonstruktionen von Pfahlbauten aus der jüngeren Steinzeit und der Bronzezeit.

E 121 (B 31)
Ludwigshafen
P
Negelhof
Nesselwangen
Eisenholz
Stättelberg
Sipplinger Berg
nach Espasingen
Bahnhof
Sommerhalde
Bad
Buohof
Bodman-Ludwigshafen
Pumpspeicher-werk
Haldenhof
Whs.
Ruine Hohenfels
Großes Ried
Bad
Bodman
Überlinger See
Bahnhof
Sipplingen
Wanderheim
P
Ruine Altbodman
Whs. Bodenwald
P
Hödingen
0
0,5
2 km

Hohenlinden
Höllwangen
Brachenreute
Lugenhof
Neuweiher
Andelshofen
0
0,5
2 km
Deisenhof
Rengolds-
hausen
Kogenbach
Ölmühle
Schleife
Aufkirch
Hödingen
Spetzgart
Zwingerburg
(Gletscher- mühle)
Süßenm
E 121
(B 31)
E 121 (B 31)
Whs.
Altbirnau
Riedbach
Wald
Mauracher
Nußdorf
Brünnensbach
Goldbach
Heidenlöcher
Bahnhof
Überlingen
Bad
Bad
Ü b e r l i n g e r
S e e

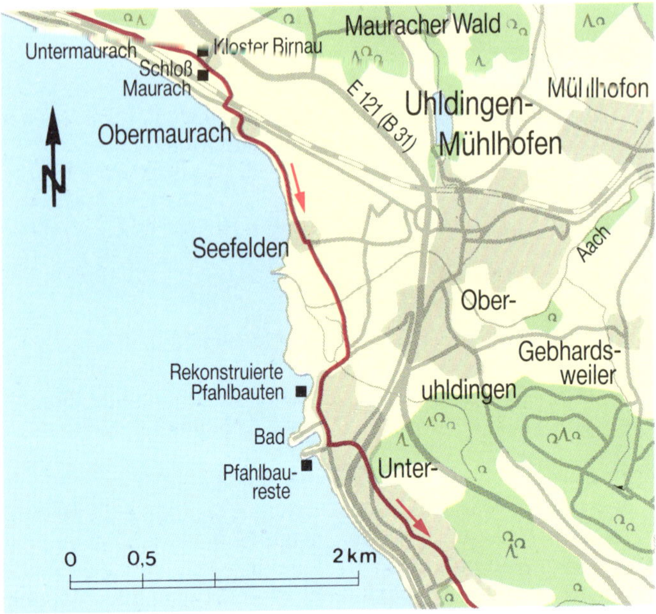

Tourenbeschreibung Von *Bodman* aus wandern wir um den westlichen Zipfel des Überlinger Sees durch das Riedgebiet der Stockacher Aach und entlang der Bahnlinie nach *Ludwigshafen.* Nun folgt ein Wegstück, das sich vom Ufer entfernt, durch großartige Aussichten jedoch nicht weniger reizvoll ist. Über einen Weg am Sättelberg und am *Buohof* vorbei steigen wir zum *Haldenhof,* einem beliebten Ausflugslokal, hinauf und haben damit einen der schönsten Aussichtspunkte am Bodensee erreicht. Immer dem Bodensee-Rundwanderweg-Zeichen folgend, geht es in leichtem Auf und Ab zum Dorf *Hödingen.* Dann wendet sich der Weg wieder zum See hinunter, erreicht an der *Gletschermühle* vorbei *Goldbach* und von hier aus über die Goldbachgasse die Uferpromenade von *Überlingen.* Nun immer am Ufer entlang, vorbei am Mantelhafen, Yachthafen, Strandbad Ost und Seglerhafen nach *Nußdorf.* Wir überqueren die Bahnlinie und gehen entlang dieser zum nächsten Höhepunkt unserer Bodenseeumwanderung, der auf aussichtsreicher Terrasse im Rebgelände liegenden Klosterkirche *Birnau.* Über *Maurach,* das aus dem Wirtschaftshof des Klosters Salem entstanden ist (heute Schulungs- und Bildungsstätte) und *Seefelden* mit seiner um 1200 erbauten Kirche erreichen wir nach dem Naturschutzgebiet der Seefeldener Aach *Unteruhldingen.*

8 Unteruhldingen – Meersburg – Hagnau – Immenstaad

Verkehrsmöglichkeiten Bahn Oberuhldingen, Bus- und Schiffsverbindungen unter den einzelnen Orten.
Parkmöglichkeiten Großer Besucherparkplatz an der B 31 in Unteruhldingen.
Wegmarkierung Bodensee-Rundwanderweg-Zeichen.
Tourenlänge 14½ km.
Wanderzeit 4 Stunden.
Höhenunterschiede 80 m.
Wanderkarte 1:50000 Bodensee Westlicher Teil, Kompass Nr. 1a.
Abstecher 2 Kilometer vor Immenstaad Schloß Kirchberg (5 Minuten), das bis 1802 dem Kloster Salem gehörte (heute Gaststätte).
Wissenswertes *Unteruhldingen* siehe Nr. 7.

Meersburg Das alte Schloß, dessen Anfänge mindestens ins 12. Jahrhundert zurückreichen, kann heute besichtigt werden. Die Dichterin Annette von Droste-Hülshoff lebte hier die letzten Jahre vor ihrem Tod, Museum im »Fürstenhäusle«. Barockschloß (18. Jh.), heute »Haus des Gastes« mit Konzerten und Ausstellungen. Besonders anziehend ist das malerische Stadtbild mit Unter- und Oberstadt, dem Markt- und dem Schloßplatz, der Schloßmühle mit Wasserrad und vielen alten Gassen, Fachwerkhäusern und Weinstuben (historisch der »Becher«).

Hagnau Altes Fischer- und Winzerdorf mit spätgotischer Pfarrkirche.

Immenstaad Sehenswert das Schwörerhaus (16. Jh.) mit seinem alemannischen Fachwerk gegenüber der spätgotischen Pfarrkirche (15. Jh.).

Tourenbeschreibung Nachdem wir uns die Rekonstruktionen der Pfahlbauten angeschaut haben, geht es am Hafen entlang, dann nach links und in die erste Querstraße nach rechts. Es ist dies die *Bergstraße,* mit der wir die B 31 überqueren und hinaufsteigen bis zum *»mittleren Waldweg«* Richtung Meersburg. Ständiger Begleiter ist das Bodensee-Rundwanderweg-Zeichen und ein roter Balken auf weißem Grund (Bodensee-Randweg des Schwarzwaldvereins). Kurze Zeit läuft der Weg entlang dem Trimmpfad, bis er uns nach rechts in den *Gehautobel* hinunterführt. Nach Durchwanderung des kleinen Tobels stehen wir am Rand der Rebhänge und schauen weit über den Bodensee auf die Insel Mainau, Konstanz und große Teile des Schweizer Ufers. Bald ist der Aussichtspunkt *»Oedenstein«* erreicht, bei

Gebhards-
weiler
Daisendorf
Riedets-
weiler
B 33
Unter-
uhldingen
E 121 (B 31)
Ergeten
Auf dem
Roggele
Stetten
Halder-
hof
(B 31)
E 121
P
P
P
Schloß
Bad
Meersburg
Hagnau
Bad
0
0,5
2 km

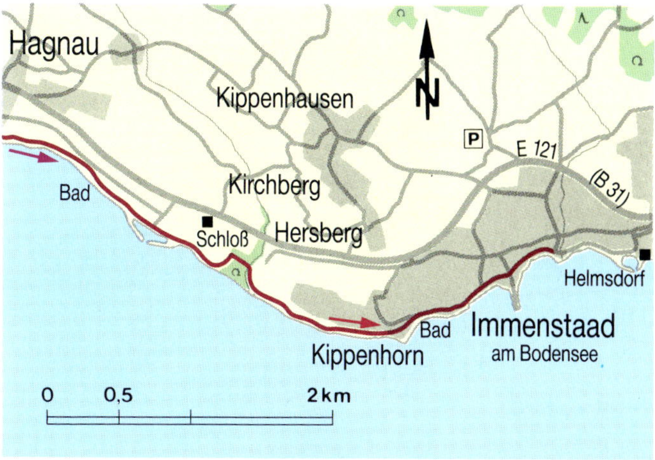

dem es zuerst über Treppenstufen, dann auf einem Feldweg in die Oberstadt von *Meersburg* geht. Hier durch das *Obertor,* die *Stefan-Lochner-Straße* zur Fußgängerbrücke und auf dem aussichtsreichen Höhenweg Meersburg – Hagnau (siehe auch Nr. 49) mitten durch die Weingärten nach *Hagnau.* Wer die unmittelbare Wassernähe liebt, findet von Meersburg nach Hagnau einen Uferweg, vorbei an der Haltnau, wie ebenfalls in Rundtour Nr. 49 beschrieben. Unfehlbar führt die Wanderung von Hagnau am Ufer entlang, vorbei am Campingplatz und Sporthafen *Kirchberg,* dann durch das Kirchberger »Wäldle« und schließlich über das Kippenhorn wieder am Seeufer entlang bis *Immenstaad.*

9 Immenstaad – Manzell – Seemoos – Friedrichshafen

Verkehrsmöglichkeiten Bus, Schiff.
Parkmöglichkeiten Immenstaad Rathaus.
Wegmarkierung Bodensee-Rundwanderweg-Zeichen.
Tourenlänge 11 km. **Wanderzeit** 3 Stunden.
Höhenunterschiede Keine.
Wanderkarte 1:50000 Bodensee Östlicher Teil, Kompass Nr. 1b.
Wissenswertes *Immenstaad* siehe Nr. 8.

Friedrichshafen Wirtschaftszentrum mit zwei internationalen Messen (IBO und INTERBOOT). Kultur- und Tagungsstätte

Ziegelei
Schnetzen-
hausen
Berg
Heiseloch
Spalten-
stein
Jettenhausen
Fischbach
Waggershausen
E 121 (B 31)
Grenzhof
Bad
Manzell
Helmsdorf
Windhag
Immenstaad
am Bodensee
E 121
(B 31)
Seemoos
Bahnhof
Bad
Friedrichshafen
Schloß
0
0,5
2 km

Graf-Zeppelin-Haus. Im Rathaus Bodenseemuseum und Zeppelinmuseum. Flug- und Seehafen (Fähre nach Romanshorn).
Tourenbeschreibung Von *Immenstaad* führt uns der Uferweg zunächst bis zum *Schloß Helmsdorf,* von hier leicht bergan zur B 31 und an dieser entlang auf einem Fußweg bis *Fischbach.* Dort wieder hinunter zum See, über die Uferpromenade und vorbei am Strandbad. Bald darauf verläuft der Weg nochmals ein kurzes Stück parallel zur Bundesstraße. In *Seemoos* geht es jedoch wieder direkt zum Seeufer. Kurze Zeit später erreichen wir durch ausgedehnte Hafen- und Uferanlagen *Friedrichshafen.*

10 Friedrichshafen – Langenargen – Kressbronn – Wasserburg – Lindau

Verkehrsmöglichkeiten Bahn, Bus, Schiff. Autofähre Friedrichshafen – Romanshorn (Schweiz).
Parkmöglichkeiten Friedrichshafen am Seeufer.
Wegmarkierung Bodensee-Rundwanderweg-Zeichen.
Tourenlänge 25 km.
Wanderzeit 6½ Stunden.
Höhenunterschiede 60 m.
Wanderkarte 1:50000 Bodensee Östlicher Teil, Kompass Nr. 1b.
Anmerkung Der eigentliche Bodensee-Rundwanderweg verläuft zwischen Kressbronn und Wasserburg landeinwärts. Wer auch

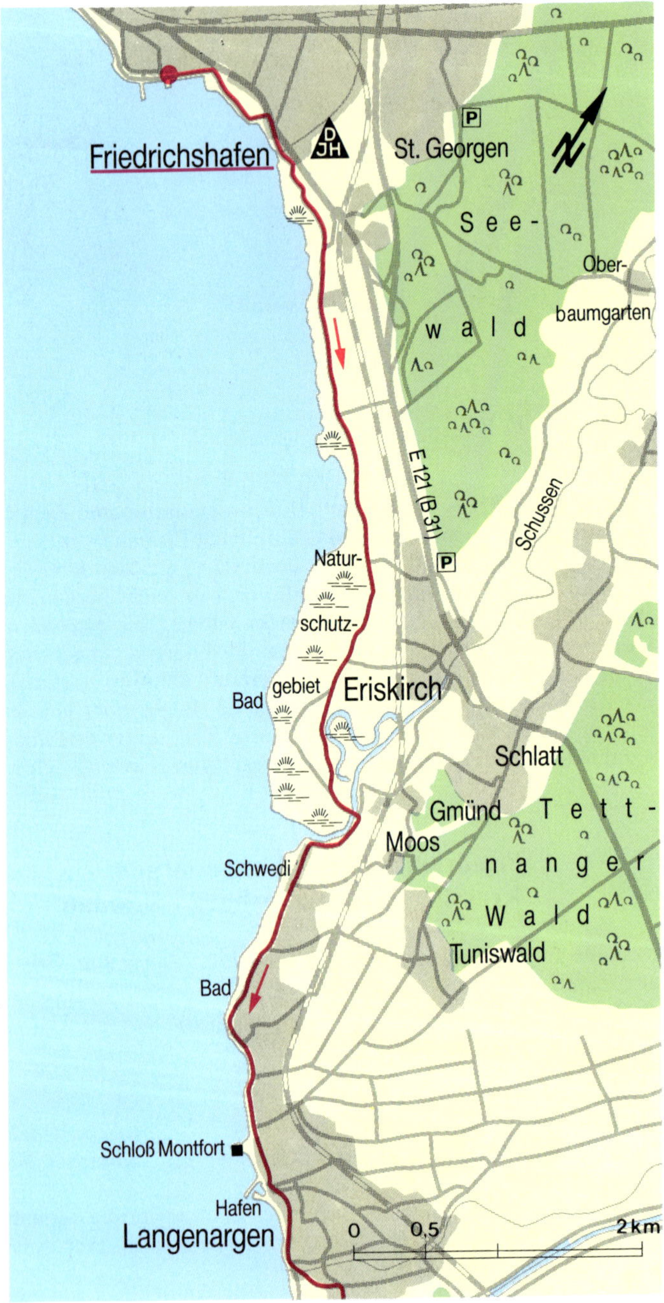

Friedrichshafen
DJH
St. Georgen
P
See-
wald
Ober-
baumgarten
E 121 (B 31)
Schussen
P
Natur-
schutz-
gebiet
Bad
Eriskirch
Schlatt
Gmünd
Moos
Tett-
nanger
Wald
Tuniswald
Schwedi
Bad
Schloß Montfort
Hafen
Langenargen
0
0,5
2 km

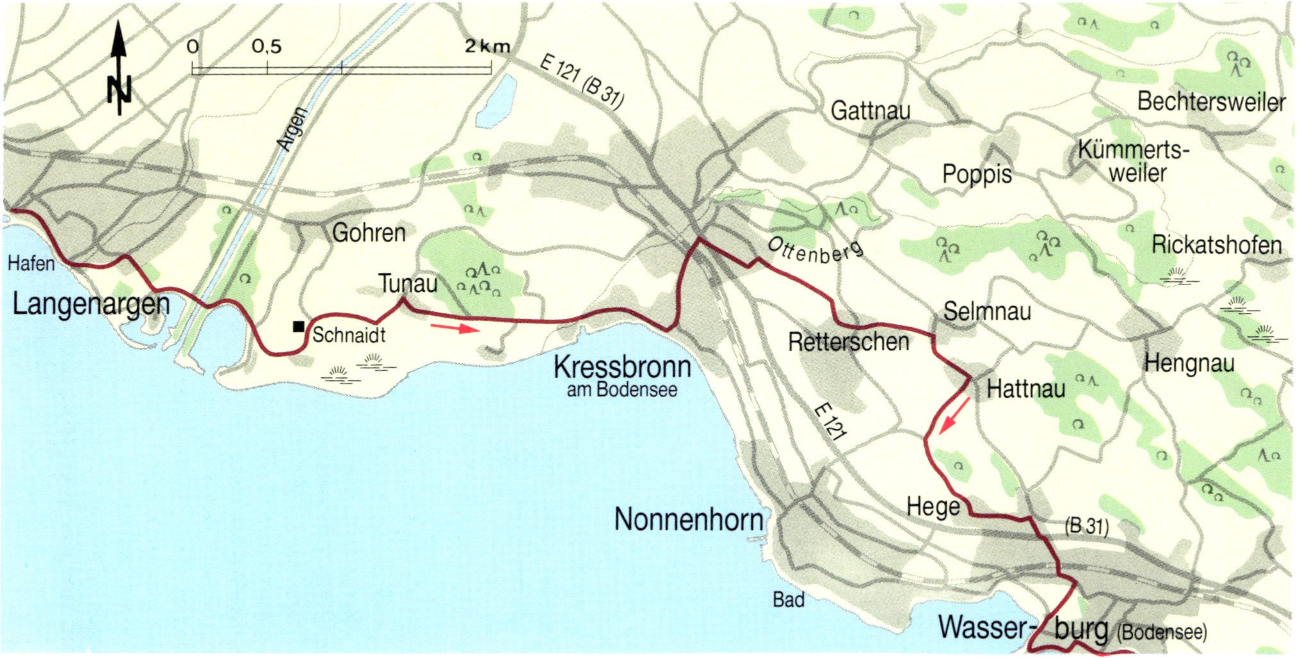
N
0
0,5
2 km
E 121 (B 31)
Argen
Gattnau
Bechtersweiler
Kümmerts-
weiler
Poppis
Gohren
Ottenberg
Rickatshofen
Hafen
Tunau
Langenargen
Schnaidt
Selmnau
Retterschen
Hengnau
Kressbronn
am Bodensee
Hattnau
E 121
Hege
Nonnenhorn
(B 31)
Bad
Wasser-
burg
(Bodensee)

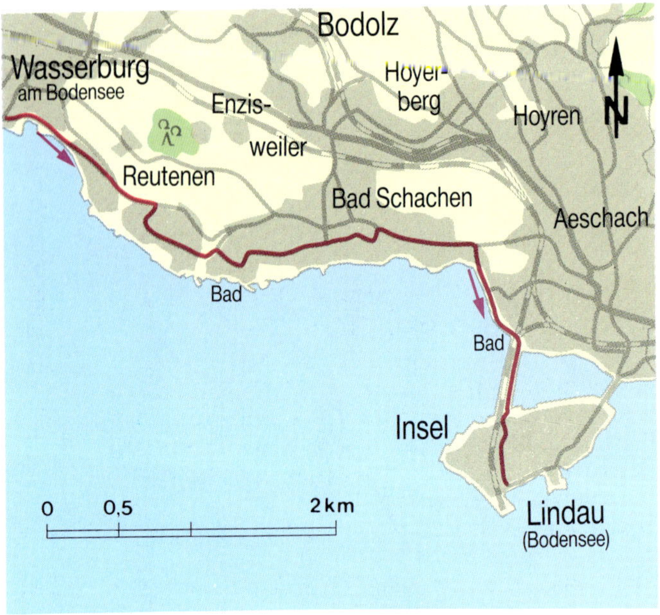

auf diesem Wegabschnitt die unmittelbare Seenähe genießen möchte, bleibt in Kressbronn am See und wandert auf einer Uferstraße über Nonnenhorn nach Wasserburg.

Wissenswertes *Friedrichshafen* siehe Nr. 9.

Langenargen Erholungsort mit schöner Seepromenade, Kurpark und Schloßpark. An dessen Seeseite auf einer Landzunge das Montfortschloß in maurisch-italienischem Stil, in der Mitte des 19. Jahrhunderts für König Wilhelm I. von Württemberg erbaut. Heute Haus des Gastes. Im alten Ortskern die barocke Pfarrkirche St. Martin.

Kressbronn Gleichzeitig am See und im Obstanbaugebiet gelegener Erholungsort mit zahlreichen Freizeitangeboten.

Wasserburg Malerisch auf einer Halbinsel gelegener Ort mit Georgskirche (15. Jh.) und Schloß (13.–18. Jh., heute Hotel).

Tourenbeschreibung Wir verlassen *Friedrichshafen* auf gut markiertem Weg und kommen bald ins Naturschutzgebiet *Eriskircher Ried.* Neben reizvollen Ausblicken auf den See kann hier eine vielfältige Vogelwelt beobachtet werden. Weiter über *Schwedi* und vorbei am *Schloß Montfort* erreichen wir *Langenargen.* Über die schöne Uferpromenade geht es zur *Malerecke* und auf einer Holzbrücke über die Argen, die hier in den See mündet. Kurz danach wird ein Campingplatz durchwandert. In *Tunau* rechts abzweigen und auf geradem Weg nach *Kressbronn.*

Am Ortsende von Kressbronn verläßt der Bodensee-Rundwanderweg das Seeufer und erreicht erst nach den Orten *Retterschen, Hattnau* und *Hege* wieder den Bodensee bei *Wasserburg.* Von dem malerischen Fleck geht es über *Bad Schachen* nach *Lindau.*

11 Lindau – Bregenz – Hard – Rheineck (Schweiz)

Verkehrsmöglichkeiten Bahn, Schiff, Bus.
Parkmöglichkeiten Beim Bahnhof in Lindau.
Wegmarkierung Bodensee-Rundwanderweg-Zeichen.
Tourenlänge 27 km. **Wanderzeit** 7½ Stunden.
Höhenunterschiede Keine.
Wanderkarte 1:50000 Bodensee Blatt Östlicher Teil, Kompass Nr. 1b.
Anmerkung Der nach der Wanderkarte ab Reutin landeinwärts verlaufende Bodensee-Rundwanderweg ist nicht zu empfehlen. Er führt hauptsächlich durch Stadtgebiete und ist nicht leicht zu finden.

Grenzüberschreitender Wanderweg. Personalausweis!
Wissenswertes *Lindau* Durch eine Brücke mit dem Festland verbunden, liegt Lindaus Kern auf einer Insel. Maximilianstraße

Zu Tour 10, 11, 75 **Lindau** (Foto: Reinhard Kuntzke)

Gemeinde
Hörbranz
Oberreutin
E 61 (B 12)
Hofen
0
0,5
2 km
Leiblach
Leiblach
Lochau
Reutin
Hoyren
E 61 (B 31)
Kugelbeer
Bahnhof
Zech
Bäumle
Aeschach
D JH
E 61 (1)
Klausberg
Altreute
Klaus-
mühle
Schanz
Haltest.
Tannenbach
Österreich
Bahnhof
Lindau
D JH
Bregenz
Bad
Insel

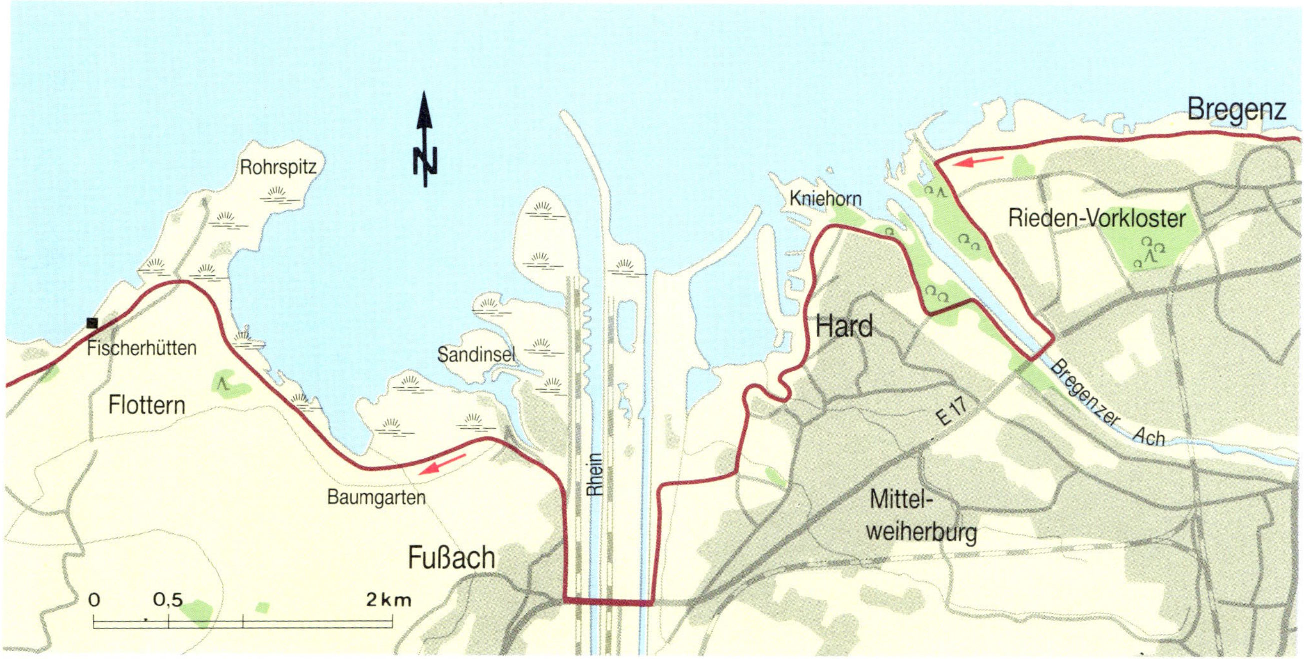
Bregenz
Rieden-Vorkloster
Kniehorn
Hard
Bregenzer Ach
E 17
Mittel-
weiherburg
Rhein
Rohrspitz
Sandinsel
Fischerhütten
Flottern
Baumgarten
Fußach
N
0
0,5
2 km

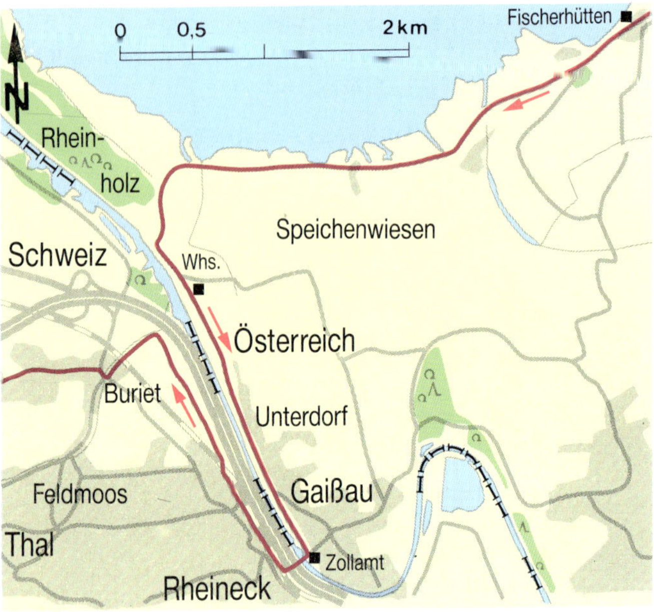

mit vielen alten Bürgerhäusern und dem ursprünglich gotischen Rathaus (1578 im Renaissancestil umgebaut), das reiche Fassadenmalereien trägt. Peterskirche (11. Jh.) mit Fresken von Hans Holbein, Stadtmuseum im »Haus zum Cavazzen«. Seehafen mit Altem und Neuem Leuchtturm sowie dem Wahrzeichen Lindaus, einem Bayerischen Löwen.

Bregenz Hauptstadt des österreichischen Bundeslandes Vorarlberg. Vorarlberger Landesmuseum am Kornmarkt der Unterstadt. Sehenswerte Oberstadt mit der Pfarrkirche St. Gallus, dem Alten Rathaus und dem Martinsturm (1599) mit Martinskapelle. Bregenzer Festspiele (Juli/August) auf der Seebühne und im Festspielhaus. Großartige Aussicht vom 1063 Meter hohen Pfänder, dem Hausberg von Bregenz.

Tourenbeschreibung Unsere heutige Etappe berührt drei Länder. Wir verlassen die *Insel Lindau* über eine Brücke und gehen auf der Bundesstraße Richtung *Reutin*. Vor der Bahnschranke rechts ab und am Güterbahnhof vorbei, wird ein schmaler Seeuferweg erreicht, auf dem wir bis zur Leiblachmündung bleiben können. An der Leiblach entlang bis zum *Grenzübergang Unterhochsteg*. Kurz vor dem Bahnhof *Lochau* rechts ab, unter der Eisenbahn hindurch und direkt am See entlang bis *Bregenz*.

Durch die weitläufigen Uferanlagen, vorbei am Festspielhaus, an Seebühne und Sporthäfen verläuft der Weg ufernah bis zur Mündung der Bregenzer Ach.

Zu Tour 11 **Bregenz am Bodensee**
(Foto: Landesfremdenverkehrsverband Vorarlberg, Bregenz/Foto Lauterbach)

Erst nach etwa 1½ Kilometern flußaufwärts kann die Ach überquert werden. Unmittelbar nach der Brücke nach rechts und flußabwärts wieder Richtung See. Da man hier das Bodensee-Rundwanderweg-Zeichen vergeblich sucht, hält man sich am besten an die Markierung »Rund um Hard«. Dabei wird *Hard* auf der seenahen Seite passiert. Der Wanderweg ist hier, wie bereits teilweise ab Bregenz, identisch mit dem Radwanderweg »Rund um den Bodensee«. Bald stoßen wir an den *Lustenauer Kanal,* folgen diesem wiederum etwa 1½ Kilometer landeinwärts, überqueren ihn ebenso wie den *Rheinkanal* und wandern auf der gegenüberliegenden Seite erneut Richtung See. Nach etwa 1½ Kilometern verlassen wir den Rheinkanal und biegen links ab.

Immer in Ufernähe über Dammwege, vorbei am Campingplatz *Rohrspitz* bis zum *Alten Rhein.* Parallel dazu landeinwärts bis zum *Zollamt Gaißau.* Wir befinden uns nun in der Schweiz und erreichen nach Überquerung der Autobahn *Rheineck.*

12 Rheineck – Rorschach – Horn – Arbon – Romanshorn

Verkehrsmöglichkeiten Bahn, Bus, Schiff.
Parkmöglichkeiten Am Bahmhof in Rheineck.
Wegmarkierung Bodensee-Rundwanderweg-Zeichen und »Bodensee-Rundweg«.
Tourenlänge 20 km. **Wanderzeit** 5 Stunden.
Höhenunterschiede 160 m.
Wanderkarte 1:50000 Landeskarte der Schweiz Bl. 5014 St. Gallen-Appenzell.
Wissenswertes *Rorschach* mit dem 1746–1749 vom Baumeister Giovanni Gaspare Bagnato erbauten Kornhaus (heute Heimatmuseum). Stattliche, erkergeschmückte Bürgerhäuser. Oberhalb der Stadt Kloster Mariaberg mit Kreuzgang und Fresken.

Arbon Schloß aus dem 16. Jahrhundert (Heimatmuseum). Fresken in der Galluskapelle.

Romanshorn Autofähre nach Friedrichshafen.

Tourenbeschreibung Vom *Bahnhof Rheineck* auf gut beschildertem Weg bis *Buriet.* Nach Erreichen der Hauptstraße etwa 50 Meter Richtung Hotel Schiff. Unmittelbar vor dem Hotel links abbiegen. Die Straße wird nun verlassen, und ein Wanderweg führt uns bergauf zum *Buechberg.* Über die *Bruechlistraße* gehen wir durch den *Kreienwald* weiter Richtung *Wartensee.* Hier oben hat man immer wieder Sicht auf den Bodensee und das ge-

Zu Tour 12, 13, 89 »Inseli« mit Fischerhafen vor dem Seepark
(Foto: Gemeindeverwaltung Romanshorn)

Österreich
Schweiz
Bad
Rheinspitz
Altenrhein
Am Rhein
Rhein-
holz
Speichen-
wiesen
Speck
Staad
Rorschach
Bad
13
13
Buchen
Loch
Buriet
Unterdorf
Buechberg
Feldmoos
Thal
Hof
Hohriet
Rorschacherberg
Rheineck
0
0,5
2 km
N

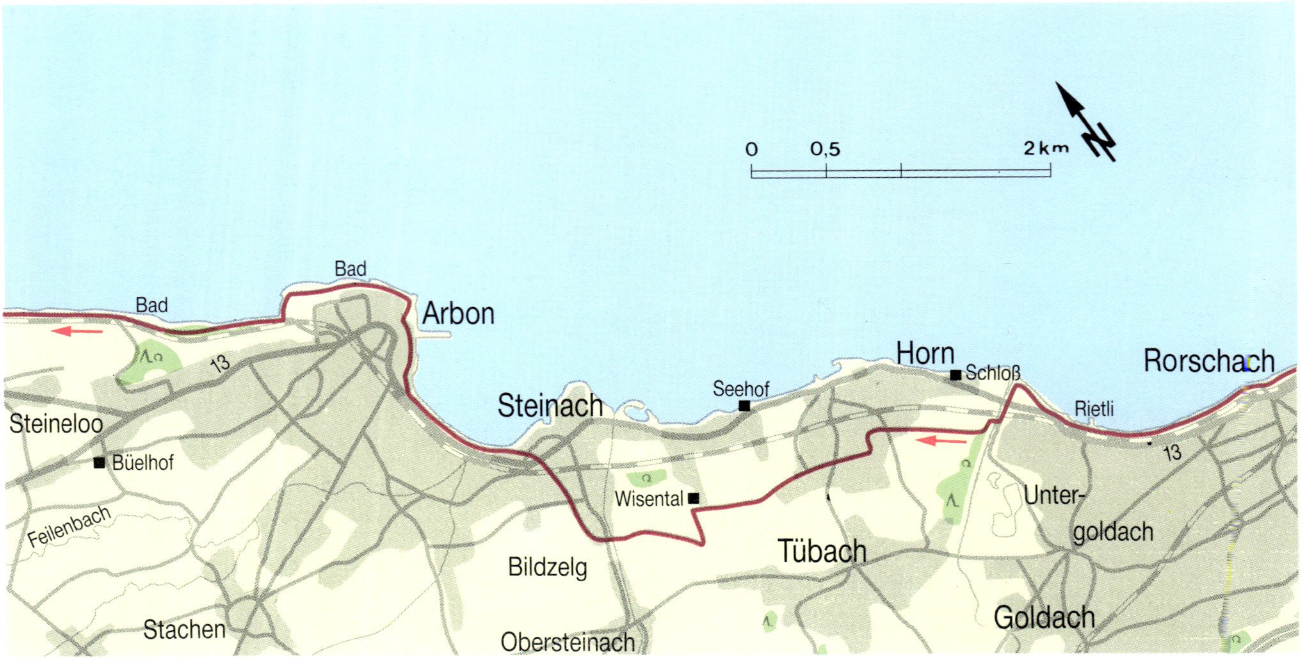
0
0,5
2 km
N
Bad
Bad
Arbon
Steinach
Seehof
Horn
Schloß
Rorschach
Rietli
13
13
Steineloo
Büelhof
Feilenbach
Wisental
Bildzelg
Tübach
Unter-
goldach
Goldach
Stachen
Obersteinach

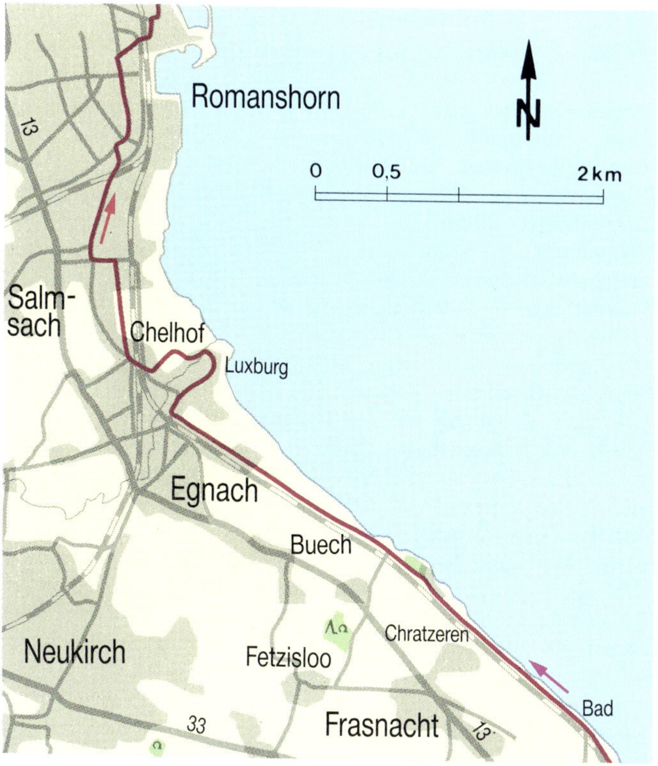

genüberliegende Ufer, bis der Wegweiser nach Rorschach zeigt. Diesem folgend erreichen wir wieder das Seeufer und gehen durch die Uferanlagen Richtung *Goldach*. Beim Strandbad biegen wir links ab und überqueren die Hauptstraße sowie die Bahnlinie. Unmittelbar danach rechts über die Goldach und gleich wieder links, zunächst durch ein kleines Waldstück, später durch Schrebergärten Richtung Horn.

Bei den ersten Häusern von *Horn* hält man sich links, biegt aber beim Bauernhof sofort wieder rechts ab Richtung *Wisental*. Hier wandern wir zunächst nach links und kommen nach etwa 100 Metern zur Wegmarkierung »Bodensee-Rundweg« Richtung Steinach. Der Weg führt uns zuerst durch ein Wohnviertel, dann über die Bahnlinie und Hauptstraße schließlich zurück zum See. Durch eine Baumallee erreichen wir am Seeufer entlang *Arbon*. Von dort fast immer in unmittelbarer Seenähe über *Egnach* und *Salmsach* nach *Romanshorn*.

13 Romanshorn – Uttwil – Kesswil – Münsterlingen – Kreuzlingen

Verkehrsmöglichkeiten Bahn, Bus, Schiff. Autofähre Romanshorn – Friedrichshafen.
Parkmöglichkeiten Romanshorn Hafenanlage.
Wegmarkierung Bodensee-Rundwanderweg-Zeichen.
Tourenlänge 18 km.
Wanderzeit 4½ Stunden.
Höhenunterschiede Keine.
Wanderkarte 1:50000 Landeskarte der Schweiz Bl. 5014 St. Gallen-Appenzell.
Wissenswertes *Romanshorn* siehe Nr. 12.
Tourenbeschreibung Diese Etappe verläuft fast ausnahmslos in Ufernähe. Nachdem wir die Hafenanlagen von *Romanshorn* hinter uns gelassen haben, wandern wir zunächst nach *Uttwil.* Vorbei an Strandbädern, Bootshäfen und Campingplätzen kommen wir über *Kesswil, Moosburg* und *Seedorf* nach *Münsterlingen.* Der Weg ist leicht zu finden und oft identisch mit dem Bodensee-Rad-Rundwanderweg. Lediglich in Münsterlingen muß man für ein kurzes Stück das Seeufer verlassen, aber bereits ab *Bottighofen* verläuft die Route wieder über den Uferweg. Noch einmal passieren wir ein Schwimmbad, und durch den Stadtpark geht es zum Hafen nach *Kreuzlingen.*

Zu Tour 13 Autofähre Romanshorn – Friedrichshafen
(Foto: Gemeindeverwaltung Romanshorn)

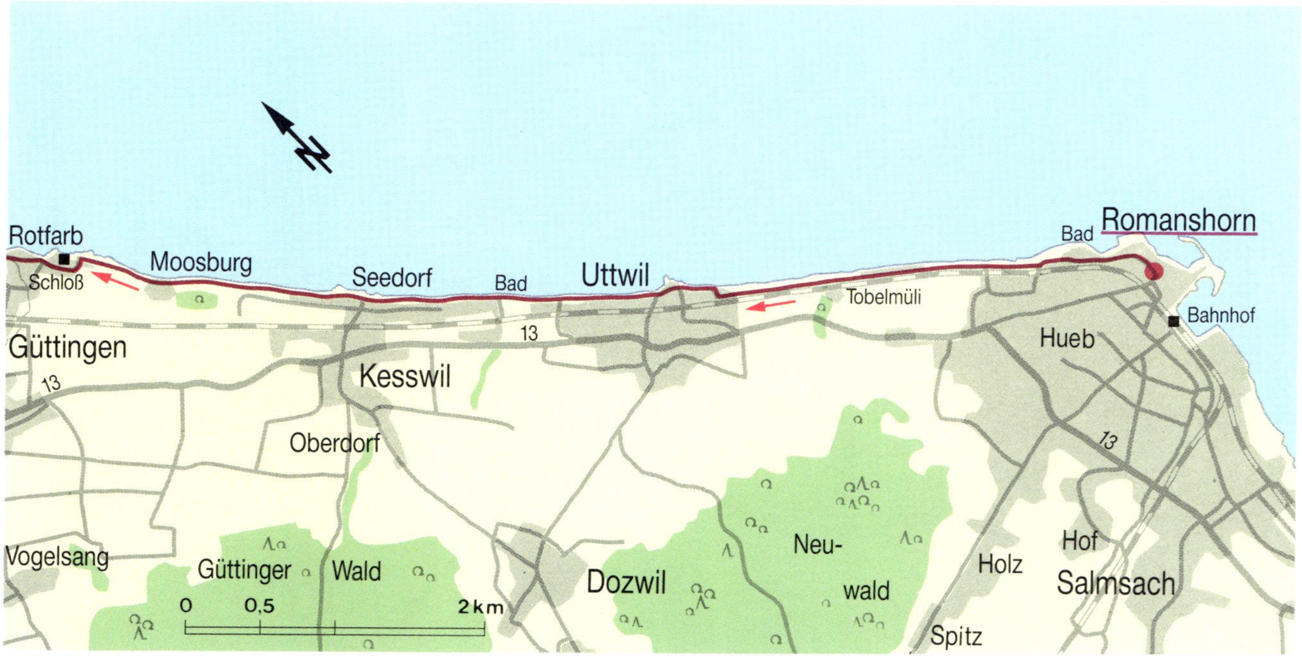
N
Romanshorn
Bad
Bahnhof
Hueb
Tobelmüli
13
Uttwil
Bad
Seedorf
Moosburg
Rotfarb
Schloß
Güttingen
Kesswil
Oberdorf
Hof
Salmsach
Holz
Spitz
Neu-
wald
Dozwil
Güttinger
Wald
Vogelsang
0
0,5
2 km

N
Rotfarb
Zollershus
Schloß
Baslerhof
Ruederbomm
Seedorf
Münsterlingen
Schlößli
Fischerhaus
13
Landschlacht
Güttingen
Bottighofen
Scherzingen
Altnau
Kurz-
rickenbach
Schönenbaum-
garten
0
0,5
2 km

Paradies
Petershausen
Konstanz
Schweiz
Kreuzlingen
Bad
Emmis-
hofen
Bahnhof
Schloß
Seeburg
Fischerhus
Kurz-
rickenbach
Untere Müli
Bottighofen
N
0
0,5
2 km

Am Ufer des Untersees zwischen Ermatingen und Stein am Rhein reihen sich alte Fischerorte aneinander. Hoch über der Idylle am See thronen Schlößchen wie Salenstein, Eugensberg, Liebenfels und Freudenfels. Am bekanntesten ist das zu besichtigende Napoleon-Schlößchen Arenenberg. Hier lebte nach Bonapartes Sturz Hortense de Beauharnais mit ihrem Sohn, dem späteren Kaiser Napoleon III.

Als Wandergebiet lohnt der Seerücken vor allem wegen seiner prächtigen Aussichtspunkte. Tief unten breitet sich der Untersee aus, und weit reicht der Blick auf die Insel Reichenau, die Höri und den Bodanrück.

14 Kreuzlingen – Girsberg – Tägerwilen – Ermatingen

Verkehrsmöglichkeiten Bahn, Bus, Schiff.
Parkmöglichkeiten Am Bahnhof.
Wegmarkierung Gelbe Wanderwegweiser.
Tourenlänge 9 km. **Wanderzeit** 2½ Stunden.
Höhenunterschiede 100 m.
Wanderkarte 1:50000 Bodensee West, Kompass Nr. 1a.
Wissenswertes *Burgruine Castell* von Bischof Ulrich von Konstanz im 12. Jahrhundert erbaut und im Schwaben- oder Schweizerkrieg 1499 zerstört. Schloß Castell in der Nähe der Ruine, heute Privatbesitz.
Tourenbeschreibung Vom Bahnhof in *Kreuzlingen* geht es hinauf zur *Bahnstation Bernrain.* Rechts an der Bahnlinie entlang überqueren wir diese beim *Schloßgut Girsberg* (Puppenmuseum). Vorbei an Obstkulturen und bei der nächsten Wegkreuzung geradeaus. Der Markierung (gelbe Rauten) folgend durch einen kleinen Tobel und am Schloß Castell vorbei. Wir halten uns oberhalb von *Tägerwilen* und kommen über *Seeblickstraße* und *Guggenbüel* zur Hauptstraße. Entweder dieser etwa 800 Meter nach links leicht ansteigend folgen bis zum kleinen Fahrsträßchen rechts ab, wo wir nach wenigen Metern wieder auf den markierten Wanderweg stoßen. Alternativ dazu nach dem Guggenbüel der gelben Raute folgen und durch das Wilbertöbeli zum Höhenweg aufsteigen. Hoch über dem Untersee mit herrlichen Ausblicken auf die Insel Reichenau und später auf *Ermatingen* führt uns der Weg zum Ziel unserer Wanderung.

Untersee
Stad
Ermatingen
ehem. Pfahlbauten
Natur- Wollmatinger
schutz-
Ried
gebiet
Stromeyersdorf
Konstanz
Paradies
Rhein
Gottlieben
Triboltingen
Unter-
Fruthwilen
Ober-
Wald-
stetten
Tägerwilen
Emmis
hofen
Bahnhof
Kreuzlingen
Schloß
Girsberg
Schloß
Castel
Schweiz
Helsighausen
0
0,5
2 km

15 Ermatingen – Fruthwilen – Steckborn

Verkehrsmöglichkeiten Bahn, Schiff.
Parkmöglichkeiten Bahnhof Ermatingen.
Wegmarkierung Gelbe Wanderwegweiser.
Tourenlänge 9 km.
Wanderzeit 2½ Stunden.
Höhenunterschiede 110 m.
Wanderkarte 1:50000 Bodensee West, Kompass Nr. 1a.
Kartenskizze Seite 71.
Wissenswertes *Ermatingen* siehe Nr. 1.
Tourenbeschreibung Beim historischen *Gasthaus Adler* wandern wir hinauf Richtung Wolfsberg bis zum *Schützenhaus.* Dort rechts auf markiertem Wanderweg bergauf. Nach einem größeren Waldstück, in dem sich der »Graue Stein« (großer Muschelsandstein) befindet, kommen wir durch einen kleinen Tobel über *Hub* nach *Unterfruthwilen.* Kurz über die Straße nach Oberfruthwilen.

Nun geht es über *Adelmoos* und *Schützenhaus Salenstein* (Aussicht) wieder in ein Waldgebiet, an dessen Rand wir uns eine Weile bewegen. Immer den gelben Wanderwegweisern nach Steckborn folgend werden wir bald mit einer Traumaussicht belohnt. Untersee mit Mettnau, Seerhein und die Höri liegen unter uns. Sanft senkt sich der schöne Weg hinunter nach *Steckborn.*

16 Steckborn – Haidenhaus – Berlingen – Steckborn

Verkehrsmöglichkeiten Steckborn: Bahn, Schiff.
Parkmöglichkeiten Bahnhof oder Seeschulhausplatz in Steckborn.
Wegmarkierung Gelbe Wanderwegweiser.
Tourenlänge 11 km.
Wanderzeit Etwa 3 Stunden.
Höhenunterschiede 300 m.
Wanderkarte 1:50000 Bodensee West, Kompass Nr. 1a.
Kartenskizze Seite 72.
Abkürzung Etwa 1 Kilometer vor Berlingen durch den Heeristobel nach Steckborn (Wegweiser).

Gaienhofen
Untersee
N
Berlingen
Eschlibach
Mannenbach
Stad
Ermatingen
Steckborn
Jochental
Heeristobel
Salenstein
Unter-
Wildbach
Fruthwilen
Ober-
Schloß Wolfsberg
Salen-Reutenen
Renental
Heidenhus
Büren
0
0,5
2 km

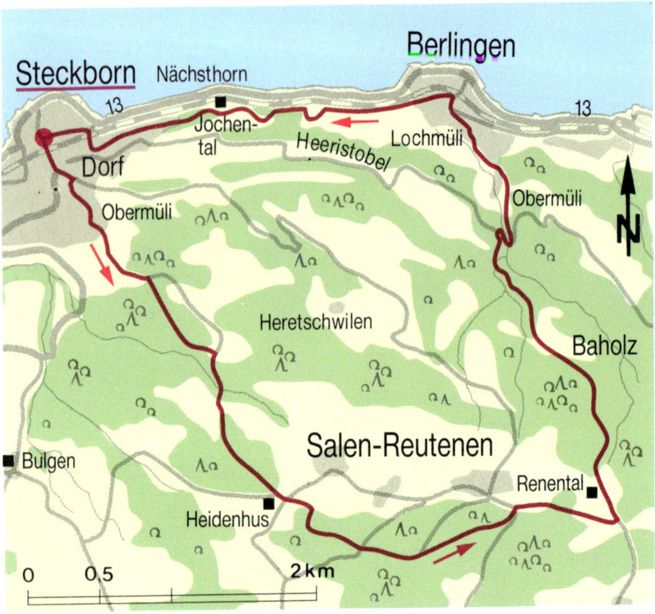

Wissenswertes *Steckborn* siehe Nr. 1.
Berlingen siehe Nr. 1.

Tourenbeschreibung Auf der Hauptstraße in Richtung Frauenfeld zunächst bis zum *Gasthaus Sonnenhof*. Hier biegt man links ab und erkennt bald den gelben Wanderwegweiser, von dem aus in einer Dreiviertelstunde das *Gasthaus Haidenhaus* erreicht wird. Nun geradeaus zum Waldrand. Der Weg durch den Wald endet bei einem Parkplatz an einer kleinen Fahrstraße, der wir nach rechts folgen. Bald taucht links der *Hof Renental* auf. An diesem wandern wir vorbei und auf der kaum befahrenen Straße hinunter nach *Berlingen*. Von hier geht es auf dem Bodensee-Rundwanderweg (siehe Nr. 1) zurück nach *Steckborn*.

17 Steckborn – Höfli – Salen-Reutenen – Haidenhaus – Steckborn

Verkehrsmöglichkeiten Steckborn: Bahn, Schiff.
Parkmöglichkeiten Bahnhof oder Seeschulhausplatz in Steckborn.
Wegmarkierung Ab Salen-Reutenen gelbe Wanderwegweiser.
Tourenlänge 9 km.
Wanderzeit 3 Stunden.
Höhenunterschiede Etwa 400 m.
Wanderkarte 1:50000 Bodensee Westlicher Teil, Kompass Nr. 1a.
Wissenswertes *Steckborn* siehe Nr. 1.
Tourenbeschreibung Vom Bahnhof geht es ostwärts bis zur Hauptstraße nach Frauenfeld und weiter an der Bahnlinie entlang bis zur *Dorfstraße.* Hier folgen wir dem Dorfbach, wandern am Feuerwehrhaus vorbei, dann nach links Richtung Schützenhaus. In die Schützenhausstraße einbiegend kommen wir an den Schießständen vorbei und bald in ein kleines Tal, dem wir folgen bis zum *Hof »Tal«,* zu dem ein stattlicher Weinberg gehört.

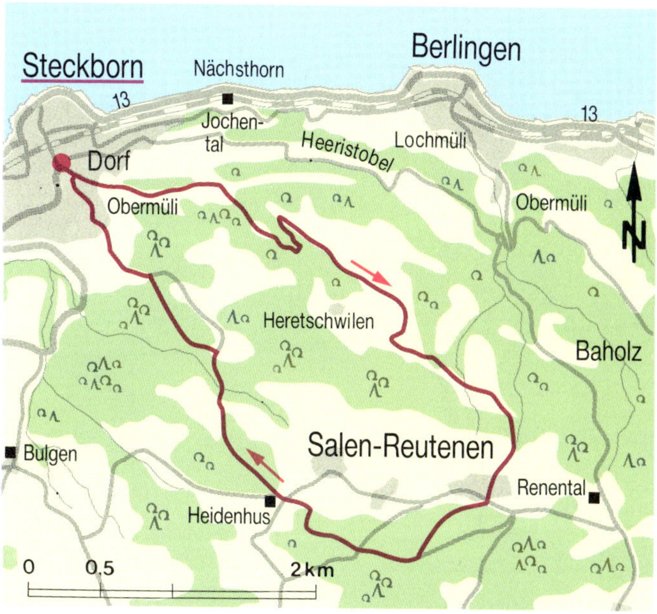

Für uns geht es beim Hof kurz nach rechts, dann wieder links und in einigen Schleifen durch den Wald hinauf zum *Bauernhof »Chapf«*. Den Hof lassen wir links liegen und erreichen weiter am Waldrand entlang den *Weiler »Höfli«*. Ein kurzes Wegstück oberhalb des gut erkennbaren Feuerweihers, dann links ab durch Wiesen und Felder. Hier wird man immer wieder stehenbleiben, um den Blick zurück zu genießen. Die Aussicht umfaßt die vordere Höri mit dem weithin erkennbaren »Horner Kirchle«, Radolfzell mit der Halbinsel Mettnau und Teile des Bodanrück und reicht bis weit in den Hegau hinein.

Unser Weg führt weiter geradeaus durch Felder, macht noch einen Bogen rechts hinauf durch Wald und erreicht bald die Kapelle und die Höfe von *Salen-Reutenen*. Ab hier brauchen wir nur der gelben Wegmarkierung zu folgen, die uns nach *Haidenhaus* (Einkehrmöglichkeit) führt. Weiter gut markiert geht es zunächst durch Buchenwald, dann wieder aussichtsreich zurück nach *Steckborn*.

Frühling am Bodensee (Foto: Klaus Puntschuh)

18 Steckborn – Ruine Neuburg – Mammern – Steckborn

Verkehrsmöglichkeiten Bahn, Schiff.
Parkmöglichkeiten Bahnhof oder Seeschulhaus Steckborn.
Wegmarkierung Gelbe Wegweiser, ab Ruine Neuburg weißgrüne Markierung.
Tourenlänge 12 km.
Wanderzeit 3 Stunden.
Höhenunterschiede 100 m.
Wanderkarte 1:50000 Bodensee Westlicher Teil, Kompass Nr. 1a.
Wissenswertes *Steckborn* siehe Nr. 1.

Ruine Neuburg Auf einer weit vorspringenden Bergnase des Seerückens um 1250 erbaute Burganlage.

Mammern: Ferienort mit Kurmöglichkeit und Barockschloß.

Tourenbeschreibung Ab dem Bahnhof in *Steckborn* folgt man dem gelben Wegweiser Richtung Mammern. Nach der Bahnunterführung geht es links an der Bahnlinie entlang nach *Glarisegg*. Nun etwa 100 Meter auf der Fahrstraße zum Schloß Glarisegg (Internatsschule) und hier links abbiegend immer der gelben Wegmarkierung folgend aussichtsreich durch lichten Wald hinauf zur *Ruine Neuburg*. Von nun an ist unser Wanderweg weiß-grün markiert (auch mit »Rundweg Gündelhart« bezeichnet) und führt uns mit herrlichen Ausblicken auf den Untersee und die Höri-Dörfer Wangen, Kattenhorn und Öhningen unfehlbar nach *Mammern*. Auf dem Bodensee-Rundwanderweg geht es zurück nach *Steckborn*.

19 Steckborn – Gündelhart – Amenhusen – Chlingenzell – Eschenz – Stein am Rhein

Verkehrsmöglichkeiten Bahn, Schiff.
Parkmöglichkeiten Bahnhof oder Seeschulhausparkplatz.
Wegmarkierung Gelbe Wanderwegweiser.
Tourenlänge 13 km.
Wanderzeit 3–4 Stunden.
Höhenunterschiede 200 m.
Wanderkarte 1:50000 Bodensee West, Kompass Nr. 1a.
Wissenswertes *Steckborn* siehe Nr. 1.

Stein am Rhein siehe Nr. 2.

Ober-
bühlhof
Unter-
Ober-
Salen
Unter-
Ziegelhof
Hemmenhofen
Nächsthorn
13
Bad
Steckborn
Heeristobel
Bruderhof
Tobel
Feldbach
Dorf
Aspenhof
Wangen-West
Wangen
Riet
Glarisegg
Kattenhorn
Schloß
Schloß
Hardtobel
Salen-
Reuteren
Untersee
Tägermoos
Dachsloch
Neuburg
Ruine Neuenburg
Bulgen
Heidenhus
Mammern
13
Hochstross
Schweiz
Selwisen
Eichli
0
0,5
2 km

Tourenbeschreibung Vor dem Bahnhof weist das Wanderzeichen zur Bahnunterführung, die wir benutzen, um anschließend Richtung Mammern weiterzuwandern. Bald zeigt der Wegweiser den Weg nach Frauenfeld. Diesem folgen wir bis zum *Parkplatz Eichhölzli* (Aussicht). Etwa 50 Meter die Straße entlang, dann nach rechts in den Wald. Zuerst hinunter zum Chesselbach, dann hinauf zum *Hof Hagenbuech.* Nun wandern wir über weite Hochflächen auf dem kaum befahrenen Sträßchen nach *Gündelhart* und folgen hier zunächst noch dem Wegweiser Frauenfeld. Bald darauf zweigt dieser Weg links ab, während wir geradeaus weitergehen und über *Amenhusen* (Käserei) *Chlingenzell* (Wallfahrtskirche und Gastwirtschaft) erreichen. Mit schönen Ausblicken bis Stein am Rhein führt der Wanderweg an *Schloß Freudenfels* vorbei und steil hinunter nach *Eschenz.* Das letzte Wegstück wird auf dem Bodensee-Rundwanderweg zurückgelegt.

Zu Tour 21 **Schaffhausen am Rhein** mit der **Festung Munot,** erbaut 1564–1585 (Foto: Verkehrsbüro Schaffhausen)

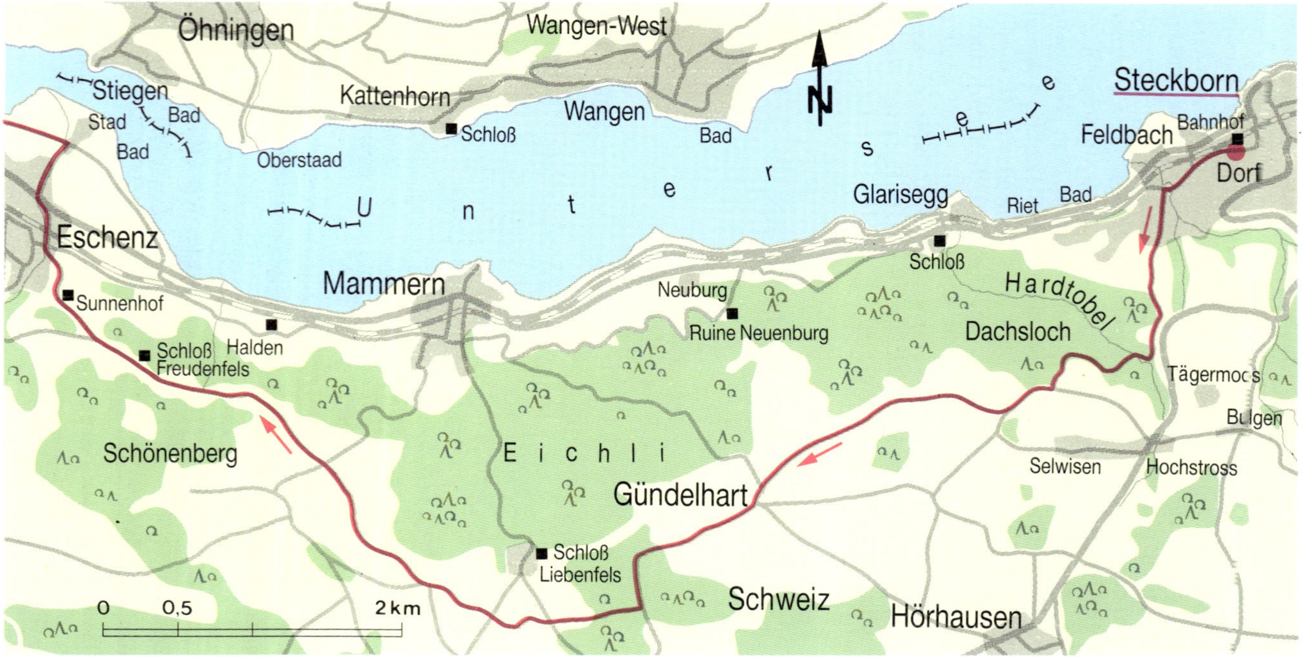
Öhningen
Wangen-West
Steckborn
Stiegen
Stad
Bad
Bad
Kattenhorn
Schloß
Wangen
Bad
Oberstaad
Untersee
N
Feldbach
Bahnhof
Dorf
Glarisegg
Riet
Bad
Eschenz
Mammern
Sunnenhof
Halden
Schloß Freudenfels
Neuburg
Ruine Neuenburg
Schloß
Hardtobel
Dachsloch
Tägermoos
Bulgen
Schönenberg
Eichli
Gündelhart
Selwisen
Hochstross
Schloß Liebenfels
Schweiz
Hörhausen
0
0,5
2 km

Rheinuferweg Stein am Rhein – Schaffhausen

Obwohl der Bodensee-Rundwanderweg erst in Stein am Rhein beginnt, möchte ich dem Wanderer die Beschreibung des rechts- und linksrheinischen Uferweges nach Schaffhausen nicht vorenthalten. Bilden doch hier landschaftliche Schönheiten und kunsthistorische Sehenswürdigkeiten eine Symbiose, wie man sie selten findet. Besonders intensiv läßt sich diese Rheinlandschaft durch die Kombination von Wanderung und Fahrt mit dem Schiff erleben. Die Kursschiffe legen an in Stein am Rhein, Diessenhofen, Büsingen und Schaffhausen. Der früher übliche Warenverkehr auf dem Rhein ist hier längst der Personenschiffahrt gewichen. Was noch ein wenig an Lastentransporte erinnert, sind die 6 bis 9 Meter langen Holzkähne (genannt Waidling), die heute allerdings zum Freizeitvergnügen durch Abstoßen mit langen Holzstangen bewegt werden (stachlen). Ebenso umweltfreundlich und genußreich ist ein erfrischendes Bad im Rhein. Überall auf beiden Uferseiten bieten sich herrliche Rast- und Badeplätze an.

20 Stein am Rhein – Hemishofen – Büsingen – Schaffhausen

Verkehrsmöglichkeiten Bahn, Schiff.
Parkmöglichkeiten Stein am Rhein: Mehrere Parkplätze außerhalb der Altstadt.
Wegmarkierung Gelbe Wanderwegzeichen.
Tourenlänge Etwa 20 km. **Wanderzeit** 5 Stunden.
Höhenunterschiede Geringfügig.
Wanderkarte 1:50000 Blatt 10 Hegau Bodensee Landesvermessungsamt Baden-Württemberg.
Anmerkung Grenzüberschreitender Wanderweg Deutschland/ Schweiz. Personalausweis!
Abstecher Rheinfall bei Neuhausen.
Wissenswertes *Stein am Rhein* siehe Nr. 2.

Schaffhausen Als Handelsstadt geprägt durch seine Lage am Rhein. Alle Handelsgüter, die auf dem Rhein transportiert wurden, mußten hier zur Umfahrung von Stromschnellen umgeladen werden. Sehenswerte Altstadt mit überaus reicher Fassadengestaltung, Malereien und prunkvollen Erkern. Zahlreiche wertvolle Bauwerke. Ehemalige Benediktinerabtei Allerheiligen (heute historisches Museum) mit Klosterkirche. Wahrzeichen der Stadt die mächtige Festung Munot.

Tourenbeschreibung Von *Stein am Rhein* führt ein Wanderweg am Flußufer entlang nach *Hemishofen* und weiter bis zur *Bibermüli,* einem Herrschaftssitz aus dem Spätmittelalter. Der gelben Markierung »Wanderweg« folgend geht es durch ein ausgedehntes Waldstück, in dem die deutsch-schweizerische Grenze verläuft. Beim Waldaustritt wandern wir links hinunter und machen einen kurzen Abstecher zur kleinen Kapelle *St. Nikolaus* (12. Jh.) mit dem Gasthaus »Zur alten Kapelle«. Weiter am Rhein entlang taucht bald am gegenüberliegenden Ufer das historische Städtchen Diessenhofen auf. Am rechten Rheinufer geht man ein kleines Stück Straße, dann auf schattigem Waldpfad unmittelbar am Fluß entlang bis zum *Rheinhölzle.* Hier führt uns der markierte Wanderweg etwas landeinwärts, dann wieder dem Rhein zu nach *Büsingen,* einer von schweizerischem Hoheitsgebiet umschlossenen deutschen Enklave. Der Ort weist einige schöne Fachwerkhäuser auf, u.a. die »Alte Rheinmühle«, die ein Nobelrestaurant beherbergt. Nach einem guten Kilometer Dorfstraße erreichen wir den bestens angelegten Uferweg bis zur *Schaffhauser Schifflände.* Interessant der wiederhergestellte alte Treidlerweg am Rhein, auf dem mit Hilfe von Seilzügen die Lastkähne stromaufwärts gezogen wurden.

Gailingen
Obergailingen
Diessen-
hofen
Rhein
13
Bleichi
Biber
Schweiz
Hemishoferb.
Hemishofen
Wolkensteinerberg
Schupfi
Rheinklingen
Rodenberg
Burg Höhenklingen
13
Rhein
Ried
Schlattingen
Etzwilen
Stein
am Rhein
Wagenhausen
Kaltenbach
0
0,5
2 km

Dörflingen
Schweiz
Rauhenberg
Gailingen
Rheinburg
Büsingen
am Hochrhein
Bad
Rheinhölzle
St.
Katharinental
ehem. Kloster
Bad
Ober-
gailingen
Im
Stemmer
Rhein
Diessenhofen
Paradis
Schaaren
Rhein
13
Ziegelei
Willisdorf
13
0
0,5
2 km
Basadingen

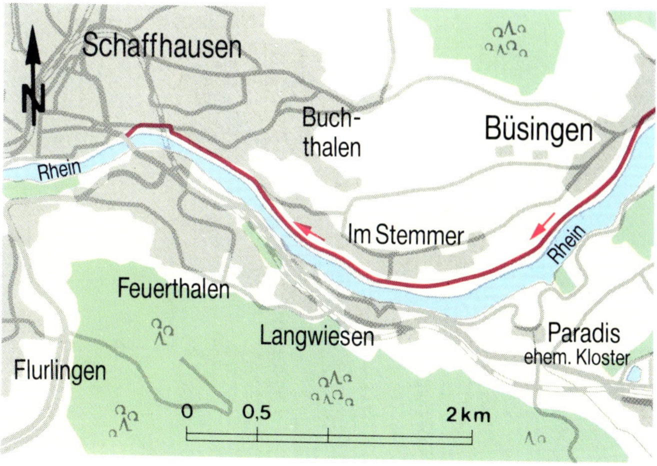

21 Schaffhausen – Diessenhofen – Rheinklingen – Stein am Rhein

Verkehrsmöglichkeiten Bahn, Schiff.
Parkmöglichkeiten Schaffhausen: Bahnhof, Schifflände.
Wegmarkierung Gelbe Wanderwegweiser.
Tourenlänge Etwa 20 km. **Wanderzeit** 5 Stunden.

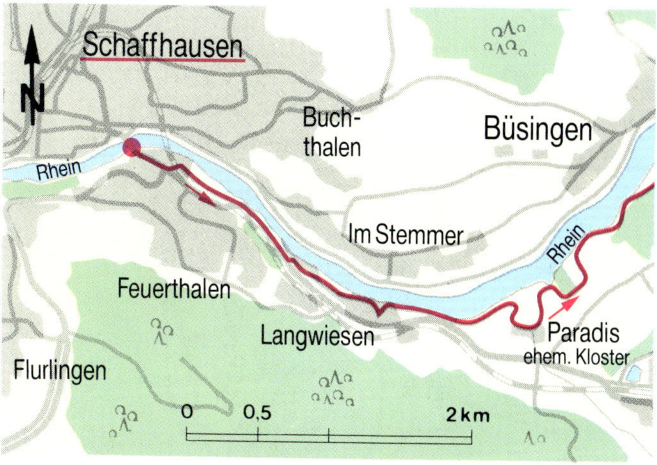

N
Dörflingen
Schweiz
Rauhenberg
Gailingen
Rheinburg
Büsingen
am Hochrhein
Bad
Rheinhölzle
St.
Katharinental
ehem. Kloster
Rhein
Bad
Ober-
gailingen
Im
Stemmer
Diessenhofen
Paradis
Schaaren
Rhein
13
Ziegelei
Willisdorf
13
0
0,5
2 km
Basadingen

Gailingen
Obergailingen
Diessen-
hofen
Rhein
13
Bleichi
Schupfi
Rheinklingen
Rodenberg
Biber
Schweiz
Hemishofen
Hemishoferb.
Wolkensteinerberg
Burg Höhenklingen
13
Rhein
Ried
Schlattingen
Etzwilen
Wagenhausen
Stein
am Rhein
Kaltenbach
0
0,5
2 km

Höhendifferenz Geringfügig.

Wanderkarte Hegau Bodensee Blatt 10 Landesvermessungsamt Baden-Württemberg 1:50000.

Wissenswertes *Schaffhausen* siehe Nr. 20.

Stein am Rhein siehe Nr. 2.

Diessenhofen Historisches Städtchen mit überdachter Holzbrücke über den Rhein.

Tourenbeschreibung Nach Überqueren der Rheinbrücke in *Schaffhausen* biegen wir gleich links in den Wanderweg ein. Jederzeit gut markiert führt uns dieser am Strandbad vorbei, durch das Gelände des ehemaligen Klarissinnenklosters *Paradis* (gleichnamiger Gasthof direkt am Rhein), entlang dem *Naturschutzgebiet Schaaren* und über *St. Katharinental* (ehemaliges Dominikanerkloster) schließlich nach *Diessenhofen.* Nach dem Besuch des alten Städtchens setzen wir den Rheinufer-Wanderweg zunächst durch Strandbadanlagen bis zum Gasthaus *Schupfen* fort. Für eine kurze Weile entfernt sich unser Weg nun vom Ufer, um etwas landeinwärts die Häuser von *Rheinklingen* zu erreichen. Durch fruchtbare Felder wandernd, kommen wir zum unmittelbaren Rheinufer erst wieder auf dem Wanderweg durch den Campingplatz kurz vor Wagenhausen. Das letzte Stück Uferweg führt am ehemaligen Benediktinerkloster *Wagenhausen* vorbei und gibt zum Abschluß der Wanderung herrliche Ausblicke auf die Häusergiebel von *Stein am Rhein* und hinauf zur stolzen Burg Hohenklingen frei.

(Foto: Ulrich Schnabel)

Die Höri

Die Höri-Bewohner haben eine liebenswerte Erklärung für die Entstehung ihrer weit in den Untersee hineinreichenden Halbinsel: Als der liebe Gott während der Schöpfung sah, daß er besseres nicht mehr schaffen konnte, rief er aus »Jetzt hör'i auf!«

Schon Hermann Hesse, Ludwig Finckh, Otto Dix und viele andere Künstler hatten auf der Höri für Jahre ihre Wahlheimat gefunden und ließen sich von der lieblichen Landschaft mit ihren ständig wechselnden Stimmungen inspirieren.

Glücklicherweise wurde dieses bezaubernde Fleckchen Erde bis heute vor dem Massentourismus bewahrt, so daß sich zwischen dem waldreichen, bis 708 Meter hohen Schienerberg und den Ufern des Zeller Sees und des Seerheins Natur noch erleben läßt.

22 Öhningen – Hohenklingen – Hemishofen – Stein am Rhein – Öhningen

Verkehrsmöglichkeiten Bus Singen – Stein am Rhein – Öhningen und Radolfzell – Öhningen – Stein am Rhein.
Parkmöglichkeiten Friedhofparkplatz in Öhningen.
Wegmarkierung Bis zur Schweizer Grenze weißes Zeichen auf grünem Grund. Ab Grenze gelbe Raute.
Tourenlänge 13 km. **Wanderzeit** 3½ Stunden.
Höhenunterschiede 150 m.
Wanderkarte 1:50000 Blatt 10 Hegau Bodensee Landesvermessungsamt Baden-Württemberg.
Abstecher Wolkenstein (Aussichtspunkt).
Anmerkung Grenzüberschreitender Wanderweg. Personalausweis!
Wissenswertes *Öhningen* siehe Nr. 3.
Stein am Rhein siehe Nr. 2.
Hohenklingen Hoch über Stein am Rhein gelegene Burg. Ursprünglich in den Händen der Zähringer, dann der Freiherrn von Klingen. 1457 von der Stadt Stein am Rhein erworben, 1895 wiederhergestellt.
Tourenbeschreibung Bis zur Schweizer Grenze verläuft die Tour wie in Wandervorschlag Nr. 23 beschrieben. Hier biegen wir jedoch nicht links ab, sondern überschreiten die Grenze und folgen nun ständig der gelben Raute. Der Weg verläuft meist nah genug am Waldrand, um Ausblicke auf die schöne Land-

schaft des Seerheins zuzulassen. Ein besonderer Aussichtspunkt bietet sich kurz vor der *Burg Hohenklingen* mit Blick auf Stein am Rhein, den Rhein und auf das gegenüberliegende Ufer. Hier lädt eine Feuerstelle mit Holztischen und Bänken zur Rast. Im alten Gemäuer der Burg gibt es außerdem eine Gaststube.

Der Weiterweg folgt ab Hohenklingen dem gelben Wegweiser »Ergeten – Wolkenstein« kurz hinunter zur Straße. Auf der anderen Straßenseite zunächst auf geradem Waldweg, dann wieder rechts bergauf. Nun führt uns der schöne Firstweg aussichtsreich bis zum *Wolkenstein,* einem Aussichtspunkt mit Sicht über das Rheintal bis Schaffhausen.

Für den Abstieg nach Hemishofen gehen wir ein kurzes Stück zurück und dann hinunter nach *Hemishofen.* Den Ort lassen wir jedoch rechts liegen und wandern gleich am Waldrand, dann durch die Rebhänge nach *Stein am Rhein.* Von dem mittelalterlichen Städtchen, das immer wieder einen Besuch lohnt, gelangen wir auf dem Bodensee-Rundwanderweg wieder zurück nach *Öhningen.*

23 Öhningen – Kreuzhof – Elmenhof – Schweizer Grenze – Öhningen

Verkehrsmöglichkeiten Bus Radolfzell – Öhningen – Stein am Rhein.
Parkmöglichkeiten Friedhofparkplazt in Öhningen.
Wegmarkierung Weißes Zeichen auf grünem Grund.
Tourenlänge 8 km.
Wanderzeit 2 Stunden.
Höhenunterschiede 140 m.
Wanderkarte 1:50000 Bodensee Westlicher Teil, Kompass Nr. 1a.
Wissenswertes *Öhningen* siehe Nr. 3.
Tourenbeschreibung In der Dorfmitte von *Öhningen* gehen wir am *Gasthof Adler* links vorbei bis zur Wandertafel am Beginn des Tobels. Hier folgen wir nach rechts zunächst dem h 1, dann dem weißen Zeichen auf grünem Grund bis auf die Höhe des Wanderparkplatzes Bahnholz (rechts der Kreisstraße gelegen). Wir bleiben jedoch auf unserem Wanderweg links der Straße, der zu den Höfen *Kreuzhof* und *Elmenhof* führt. Vor dem Elmenhof rechts hinauf zum Waldrand und an diesem entlang bis zur Schweizer Grenze. Hier biegen wir links ab und steigen hinunter zum *Bleichehof* (Bleiki). Den Hof lassen wir rechts liegen und biegen links in den Feldweg ein, der über den *Sonnhof* wieder nach *Öhningen* führt.

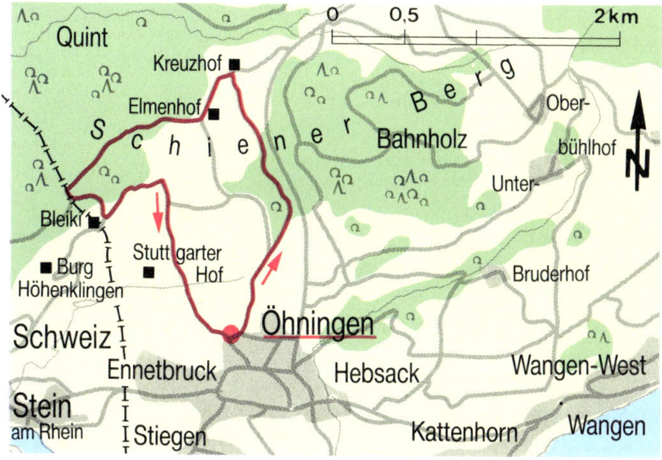

Zu Tour 2, 3, 19, 20, 21, 22 Stein am Rhein (Foto: Brigitte Schäfer)

24 Öhningen – Bühlhof – Aspenhof – Kattenhorner Bühl – Schluchtweg – Öhningen

Verkehrsmöglichkeiten Bus Radolfzell – Öhningen.
Parkmöglichkeiten Waldparkplatz an der Straße Öhningen – Schienen.
Wegmarkierung h 4 und Wanderwegweiser.
Tourenlänge 10 km.
Wanderzeit 2½ Stunden.
Höhenunterschiede Keine nennenswerten.
Wanderkarte 1:50000 Bodensee Westlicher Teil, Kompass Nr. 1a.
Wissenswertes *Öhningen* siehe Nr. 3.
Tourenbeschreibung Vom rechter Hand der Straße Öhningen – Schienen gelegenen Parkplatz aus gehen wir die Waldstraße bergan, überqueren die Alte Schiener Straße, folgen ihr kurz und biegen dann rechts wieder in einen Waldweg ein. Leicht ansteigend geht es zum Naturschutzgebiet und vor dem Nägelesee hinunter zum Ufer und dann wieder ansteigend am Waldrand entlang zum *Oberbühlhof*. Hier treffen wir auf die Straße Schienen – Wangen, der wir bis zum *Parkplatz Massholdern* folgen. Kurz danach biegen wir in die Straße zum *Unterbühlhof* ein, wo ein Weg nach links zum Waldrand führt. Nach Überquerung eines kleinen Baches wenden wir uns nach rechts und gehen weiter auf dem mit »h 4« markierten Wiesenweg bis zum *Aspenhof*.

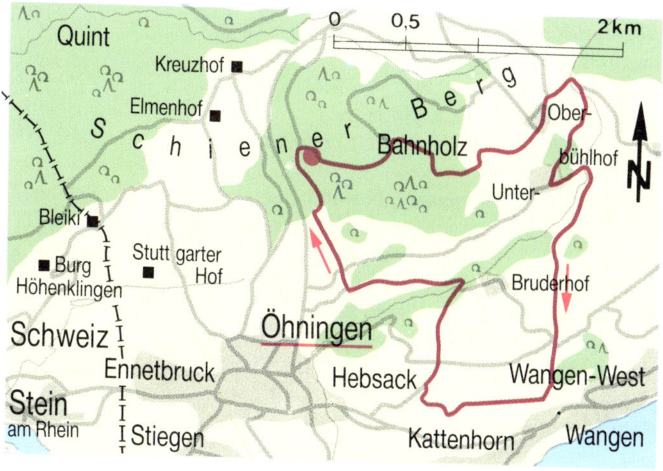

Hier treffen wir auf den Bodensee-Rundwanderweg. Nicht auf diesem weiter, sondern am Hof vorbei ein Stück bergab und rechts wieder einem Wiesenweg folgend, kommen wir zum *Kattenhorner Bühl.* Ein schöner Aussichtspunkt mit Ruhebank lädt zur Rast. Weiter auf schmalem Trampelpfad, teils durch dichtes Gehölz, teils mit prächtiger Aussicht auf den Rhein, die Höri-Orte und das Schweizer Ufer.

Nachdem uns der Wanderweg wieder ein Stück bergauf geführt hat, kreuzt er nochmals den Bodensee-Rundwanderweg und senkt sich hinunter zu den ersten Sträuchern und Bäumen am Weg. Hier findet man nach links den Einstieg in den *Schluchtweg.* Auf dem romantischen Waldpfad am Bach entlang bis zu einer Holzbrücke. Auf dieser über den Bach und zu einem Asphaltsträßchen, das den Wanderer zur Straße Öhningen – Schienen führt. Wir folgen der Straße ein kurzes Stück, bis wir rechts in den Waldweg einbiegen können. Auf der *Alten Schiener Straße* geht es schließlich bergan bis auf die Höhe des Waldparkplatzes.

25 Schienen – Litzelshausen – Bühlarz – Firstweg – Schrotzburg – Schienen

Verkehrsmöglichkeiten Postbus Radolfzell – Moos, umsteigen nach Schienen.
Parkmöglichkeiten Bei der Schule in Schienen.
Wegmarkierung Siehe Tourenbeschreibung.
Tourenlänge 10½ km.
Wanderzeit 2½ Stunden.
Höhenunterschiede Etwa 60 m.
Wanderkarte 1:50000 Bodensee Westlicher Teil, Kompass Nr. 1a.
Wissenswertes *Schienen* Ferienort am Hang des Schiener Berges (708 m) gelegen mit alter Pfarr- und Wallfahrtskirche (9./10. Jh.).
Tourenbeschreibung Wir starten unsere Wanderung bei der Schiener Schule und gehen in westlicher Richtung bis zum Waldrand. Hier nimmt uns ein bequemer Wanderweg auf, der mit grünem Kreuz markiert zu einer Blockhütte und zu den *Höfen Litzelshausen* (früher Lehenshof des Klosters Öhningen) führt. Man überquert hier die von Schienen kommende Straße und geht immer am Waldrand entlang, dann über einen Feldweg

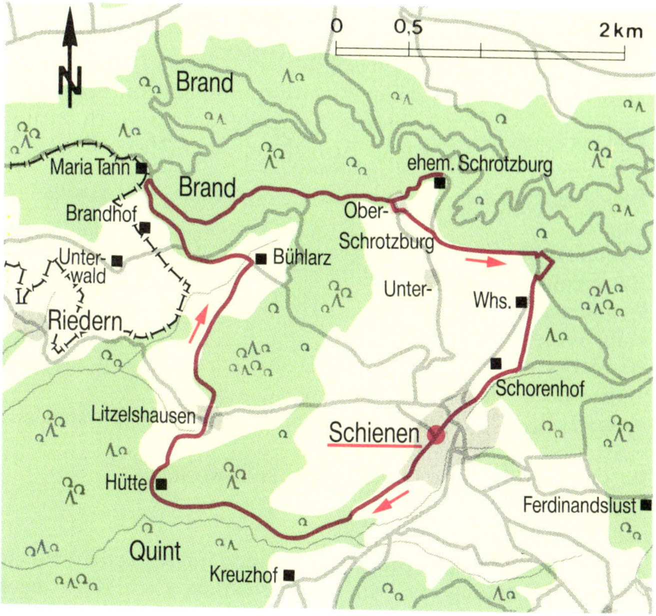

zum *Hof Bühlarz.* Hier erneut nach links zum Waldrand. Bei der ersten Weggabelung wählen wir die Abzweigung nach rechts, halten uns aber im Wald stets links, auch dort, wo ein breiter Weg rechts hinaufführt. So erreichen wir – immer noch der Markierung »grünes Kreuz« folgend – den Aussichtspunkt *Maria Thann* in unmittelbarer Nähe der Schweizer Grenze. Hier biegt man rechts in den Firstweg ein, der in abwechslungsreichem Auf und Ab zum *Oberschrotzburger Hof* führt. Nach Durchquerung des Hofgeländes kommt man auf einen Wirtschaftsweg, von dem aus ein kleiner Abstecher nach links abbiegend zur ehemaligen *Schrotzburg* möglich ist. Eine Tafel informiert über die Geschichte der Burg, von der allerdings nur noch wenige Mauerreste zu sehen sind. Weiter geht es auf dem Wirtschaftsweg bis zur Kreisstraße. Hier, wo sich der Blick auf Radolfzell und den Untersee öffnet, liegt der *Wanderparkplatz Haselwies.* Diesen durchqueren wir in seiner Länge, biegen am Waldrand links ab und gehen etwa 300 Meter bis zu einem nach rechts schräg abfallenden Weg. Dieser führt uns zurück nach *Schienen* zum Ausgangspunkt unserer Wanderung.

26 Singen – Arlen – Herrentisch – Schienen – Gaienhofen

Verkehrsmöglichkeiten Bahn oder Bus nach Singen. Ab Gaienhofen Bus, Umstieg in Radolfzell.
Parkmöglichkeiten Verschiedene Parkplätze im Stadtgebiet Singen.
Wegmarkierung Grüne Raute auf gelbem Grund.
Tourenlänge 19½ km.
Wanderzeit 5–6 Stunden.
Höhenunterschiede 255 m.
Wanderkarte 1:50000 Hegau Bodensee Blatt 10 Landesvermessungsamt Baden-Württemberg.
Anmerkung Grenzüberschreitender Wanderweg. Personalausweis!
Wissenswertes *Singen* Burgruine Hohentwiel.
Schienen siehe Nr. 25.
Gaienhofen siehe Nr. 3.
Tourenbeschreibung Vom Bahnhof in *Singen* gehen wir in westliche Richtung, bis wir auf die Straße nach Rielasingen kommen. Diese überqueren und ihr ein kurzes Stück folgen, bis ein Fußweg rechts ab zur Aach führt. Immer an der Aach entlang wandern wir bis *Arlen* und der Markierung folgend durch den Ort. Auf einem Feldweg gelangen wir schließlich direkt zum Fuß des Schienerberges. Zum *Herrentisch,* dem ersten Aussichtspunkt der Wanderung, zeigt hier bereits ein Wegweiser. Der jetzt beginnende Aufstieg führt zunächst auf breitem Waldweg, später in engen Serpentinen zu diesem Rast- und Aussichtsplatz. Fast auf gleicher Höhe geht es über einen Firstweg nach *Maria Thann,* ebenfalls ein schöner Rastplatz. Dieser Wegabschnitt ist identisch mit dem Verlauf der deutsch-schweizerischen Grenze. Bei Maria Thann wird ein breiter Waldweg überquert und die Wanderung auf dem Firstweg bis zum *Schrotzburger Hof* fortgesetzt.

Rechts am Hof vorbei erreichen wir bald eine kleine Kapelle und damit den höchsten Punkt der Wanderung. Über den *Unterschrotzburger Hof* geht es nach *Schienen* und hier über die Fahrstraße Richtung Wangen bis zum Pfarramt. Dort links über einen Pfad zum Hof *Ferdinandslust* und weiter nach *Langenmoos.* Hier stoßen wir auf den von Öhningen nach Radolfzell führenden Bodensee-Rundwanderweg und folgen der Wegmarkierung über den *Hof Honisheim* bis hinunter zum Rheinufer nach *Gaienhofen.*

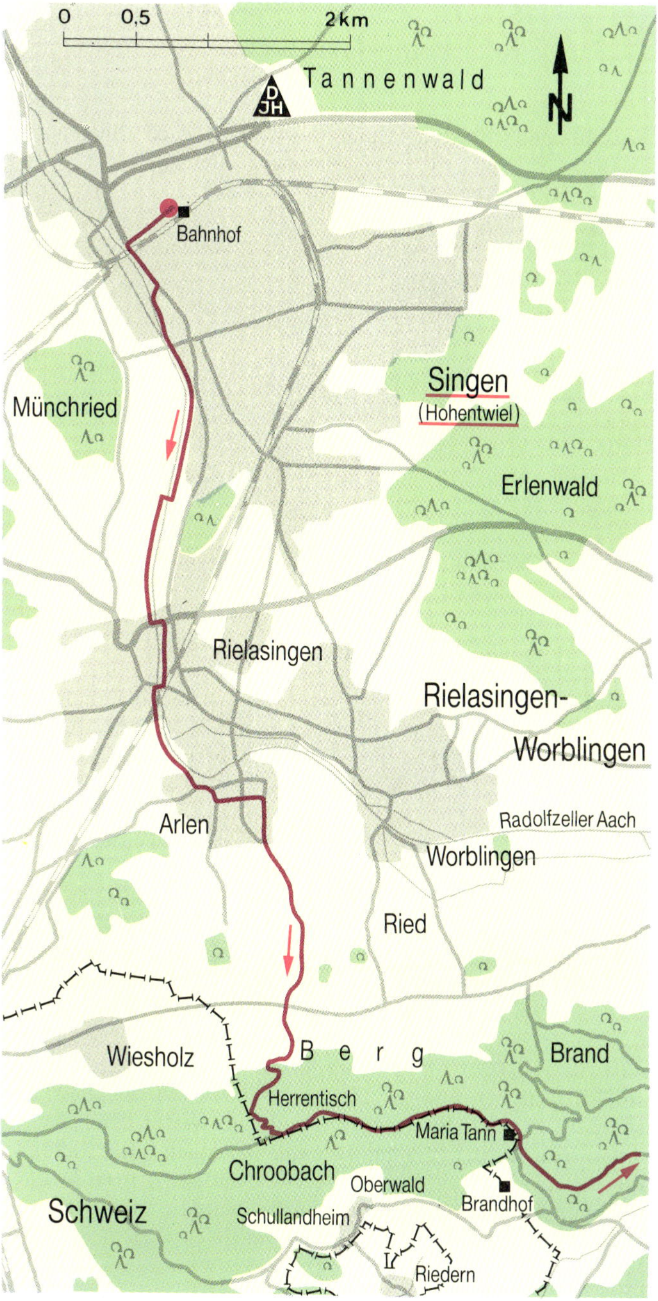
0
0,5
2 km
Tannenwald
DJH
N
Bahnhof
Münchried
Singen
(Hohentwiel)
Erlenwald
Rielasingen
Rielasingen-
Worblingen
Radolfzeller Aach
Arlen
Worblingen
Ried
Wiesholz
Berg
Brand
Herrentisch
Maria Tann
Chroobach
Oberwald
Brandhof
Schweiz
Schullandheim
Riedern

Bankholzen
Bettnang
Weiler
N
Gundholzen
Brand
Ober-
schrotzburg
ehem.
Schrotzburg
Brandhof
Steinhalde
Brandmösle
Balesheim
Honisheim
Litzelshausen
Schienen
Langenmoos
Ferdinandslust
Gaienhofen
Hohe Holz
Schiener Berg
Ober-
bühlhof
Unter-
Hemmenhofen
0
0,5
2 km

Bodanrück

Die langgestreckte Halbinsel (25 km lang und 6 km breit) teilt den westlichen Bodensee in die beiden Seearme Überlinger See und Untersee. Auf dem Bodanrück mit seinen zahlreichen Drumlins (durch eiszeitliche Ablagerungs- und Abtragungsvorgänge entstandene 20 bis 40 m hohe, längliche Hügel mit dazwischenliegenden Feuchtgebieten) gedeihen alle einheimischen Baumarten. Hier findet der Wanderer eine stille Landschaft mit Wäldern und Riedgebieten, Tobeln, Seen und freundlichen Dörfern.

27 Bodman (– Echotal) – Langenrain – Bodman

Verkehrsmöglichkeiten Bodman: Bahnbus Radolfzell – Bodman oder Überlingen – Bodman, im Sommer Schiffsverbindung Überlingen – Bodman, Langenrain: Bahnbus Langenrain – Allensbach – Konstanz.
Parkmöglichkeiten Bodman: Hafen oder Waldparkplatz am östlichen Ende des Dorfes.
Wegmarkierung Teils Bodensee-Rundwanderweg-Zeichen, teils gelbe 29.
Tourenlänge 12 km (ab Wanderparkplatz), 14½ km (ab Hafen).
Wanderzeit 3–3½ Stunden.
Höhenunterschiede Etwa 140 m.
Wanderkarte 1:50000 Bodensee Westlicher Teil, Kompass Nr. 1a.
Abstecher Echotal.
Anmerkung Die Rundwanderung kann ebensogut in Langenrain begonnen werden.
Wissenswertes *Bodman* siehe Nr. 5.
Tourenbeschreibung Die abwechslungsreiche Wanderung führt von Bodman zunächst auf dem Bodensee-Rundwanderweg in östliche Richtung über einen Wanderparkplatz und bis zum großen hölzernen Kruzifix. An dieser Stelle biegen wir bei dem Wegweiser »Echo 30 Min.« rechts ab und steigen auf einem breiten Wanderweg durch Wald bergauf. In einer Kehre mit besonders schöner Aussicht auf den Überlinger See führt ein Pfad links abbiegend ins Echotal. Diesen Abstecher von etwa 10 Minuten sollte man nicht versäumen, kann doch der Wanderer in der wildromantischen Landschaft den Spaß eines mehrfachen

Echos erleben (besonders bei der Bank am Ende des Pfades). Auf den breiten Wanderweg zurückgekehrt, geht es der Markierung gelb 29 folgend weiter bergan bis zu einer Waldlichtung mit Holzhütte und Grillplatz. Von hier in östliche Richtung und bei der nächsten Kreuzung geradeaus, während die Markierung 29 nach Liggeringen abzweigt. Nach einer weiteren Lichtung wird bald ein Steinkreuz mit Jahreszahl 1902 erreicht, bei dem man aus dem Wald tritt und eine überraschende Aussicht in den Hegau und auf den Untersee genießt. Oberhalb des *Hof Höfen* (Vesperstube) setzen wir die Wanderung nach links am Waldrand entlang fort und folgen einem Asphaltsträßchen hinunter nach *Langenrain*. Beim Gasthof Rössle geht es links ab in die Straße *Dorfplatz,* dann in die zweite Straße links *Blissenweg*. Auf diesem zum Feldkreuz und geradeaus zum Wald. Wenige Schritte oberhalb des Steilhanges nach rechts, dann geht es in Serpentinen hinunter zum Seeufer. Durch das Blätterdach des

Buchenwaldes hindurch ergeben sich malerische Ausblicke auf den Wasserspiegel. Am Ufer angekommen, reichen sie vom nördlichen Zipfel des Überlinger Sees über Ludwigshafen, frontal auf Sipplingen und rechts hinüber bis Überlingen. Wir befinden uns nun wieder auf dem Bodensee-Rundweg und folgen seinem Zeichen nach links bis zum Ausgangspunkt in *Bodman.*

28 Bodman – Bodenwald – Liggeringen – Stahringen

Verkehrsmöglichkeiten Bahnbus Bodman.
Parkmöglichkeiten Am Seeufer oder Wasserhochbehälter.
Wegmarkierung Bodman bis Liggeringen: Bodensee-Rundwanderweg-Zeichen, ab Liggeringen siehe Tourenbeschreibung.
Tourenlänge 12 km.
Wanderzeit 3½ Stunden.
Höhenunterschiede 280 m.
Wanderkarte 1:50000 Bodensee Westlicher Teil, Kompass Nr. 1a.
Abstecher Schloß Frauenfeld (2 km hin und zurück), beschildert. Schöner Aussichtspunkt.
Wissenswertes *Bodman* siehe Nr. 5.
Tourenbeschreibung Am Hotel Linde in Bodman vorbei führt die zweite Straße *(Am Königsweingarten)* rechts hinauf zum *Parkplatz Wasserhochbehälter.* Von hier wandern wir zur *Ruine Altbodman* und über *Bodenwald* (Bisongehege und Vesperstube) nach *Liggeringen.*

Am Gasthaus Kranz vorbei stoßen wir auf die Straße nach Bodman, die wir beim letzten Haus links abbiegend verlassen. Beim Friedhof geht es rechts hinauf (orange 24) zum Wald. Mit herrlichen Ausblicken wandern wir nach links dem Waldrand entlang. Untersee, Reichenau, Mettnau, Höri und Hegauberge liegen uns buchstäblich zu Füßen, und wenn wir Glück haben, zeigen sich sogar Ostschweizer und Vorarlberger Alpengipfel. Im Wald dem mit orange 24 markierten Weg bis zur Höhe, dann scharf nach links hinunter folgen. Bei der nächsten Abzweigung die Markierung orange 24 verlassen und auf dem *Böhlerbergweg* bleiben. Dieser führt uns zunächst immer auf gleicher Höhe, dann bergab zum westlichen Rand des Bodanrück. Kurz vor Waldende nehmen wir den nach links abbiegenden Weg. In Höhe der Kirche verlassen wir diesen und gehen nach rechts in das Dorf *Stahringen.*

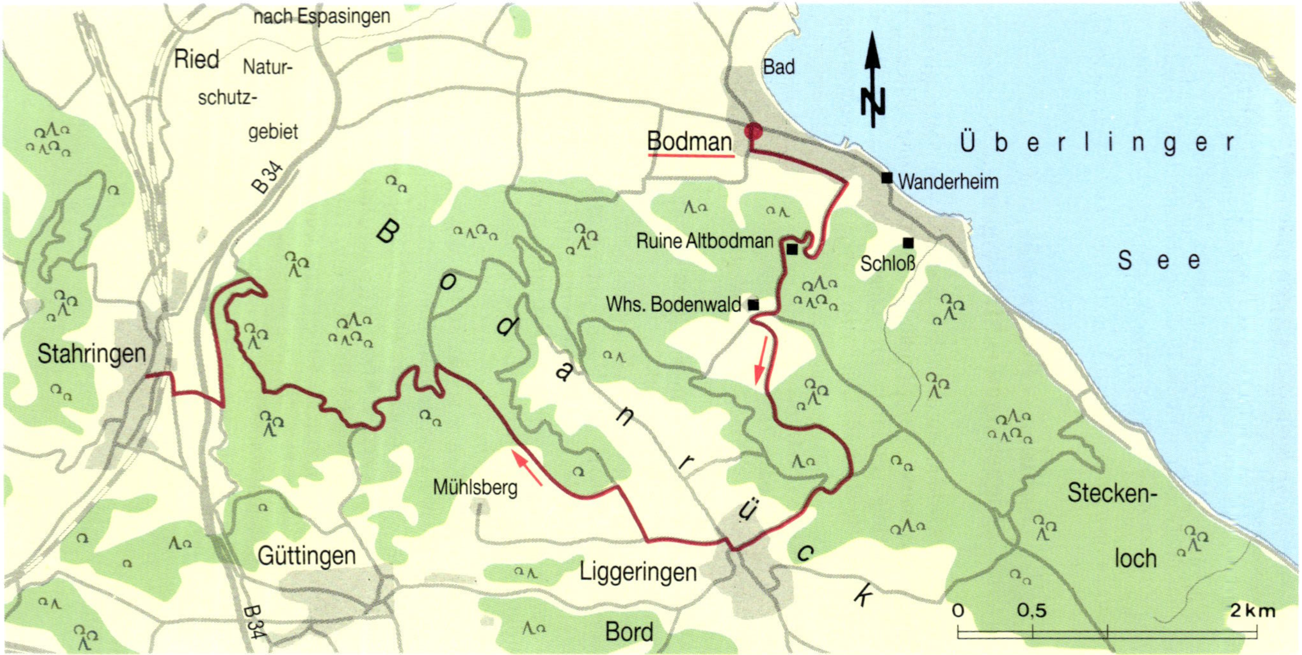
nach Espasingen
Ried
Natur-
schutz-
gebiet
B 34
Bad
N
Bodman
Überlinger
See
Wanderheim
Ruine Altbodman
Schloß
Whs. Bodenwald
Bodanrück
Stahringen
Mühlsberg
Güttingen
Liggeringen
Bord
Stecken-
loch
B 34
0
0,5
2 km

29 Stahringen – Güttingen – Möggingen – Freudental – Dettingen – Litzelstetten

Verkehrsmöglichkeiten Stahringen: Bahnbus, Litzelstetten: Bus.
Parkmöglichkeiten Bahnhof Stahringen.
Wegmarkierung Rot-weiße Raute auf gelben Grund, blaue 30.
Tourenlänge 20 km.
Wanderzeit 5½ Stunden.
Höhenunterschiede 160 m.
Wanderkarte 1:50000 Bodensee Westlicher Teil, Kompass Nr. 1a.
Tourenbeschreibung Zunächst gehen wir von *Stahringen* auf der Landstraße Richtung Radolfzell zur B 34 und überqueren diese. Auf dem halblinks abbiegenden Waldweg nach *Güttingen* und immer der rot-weißen Raute auf gelbem Grund folgend nach *Möggingen.* Beim Dorfbrunnen in Möggingen geht es die *Dürenhofstraße* hinauf zum *Dürenhof* und weiter zum *Hirtenhof.* Am Wegkreuz nach rechts abbiegen und am Waldrand erneut den rechten Weg nehmen, der hinunter zu den Riedwiesen des Mindelsees führt. Im Riedgebiet wandern wir auf dem links abbiegenden Weg Richtung Stöckenhof. Auf der Landstraße angekommen, schwenken wir nach rechts und nach 200 Metern wieder nach links direkt zum *Stöckenhof.* Der Hof wird durchquert und auf dem Feldsträßchen bleibend *Freudental* erreicht. Beim *Gasthaus Adler* folgt man der Landstraße etwa 200 Meter nach rechts und biegt dann nach links in einen Feldweg. Die Markierung »blaue 30« führt uns über den *Rohnhauserhof* nach *Dettingen.* Dort zunächst auf der *Langenrainer Straße,* die *Kapitän-Romer-Straße* überqueren, in die *Ringstraße* und nach 100 Metern schließlich nach links in die *Moosstraße.* An den Tennisplätzen vorbei kommen wir zur Landstraße Dettingen – Dingelsdorf, folgen ihr etwa 50 Meter nach links und benutzen dann den *Steinerbergweg,* der zuerst am Waldrand entlang, dann in den Wald hineinführt. Nach weiteren 500 Metern biegen wir links ab in den *Riedweg.* Bei der nächsten Kreuzung erneut nach links und nach 50 Metern rechts abzweigend ist das *Dingelsdorfer Ried* (Naturschutzgebiet mit zwei Weihern) erreicht. Wir wandern geradeaus weiter zum aussichtsreichen *Purren* (508 m) oberhalb von *Litzelstetten.*

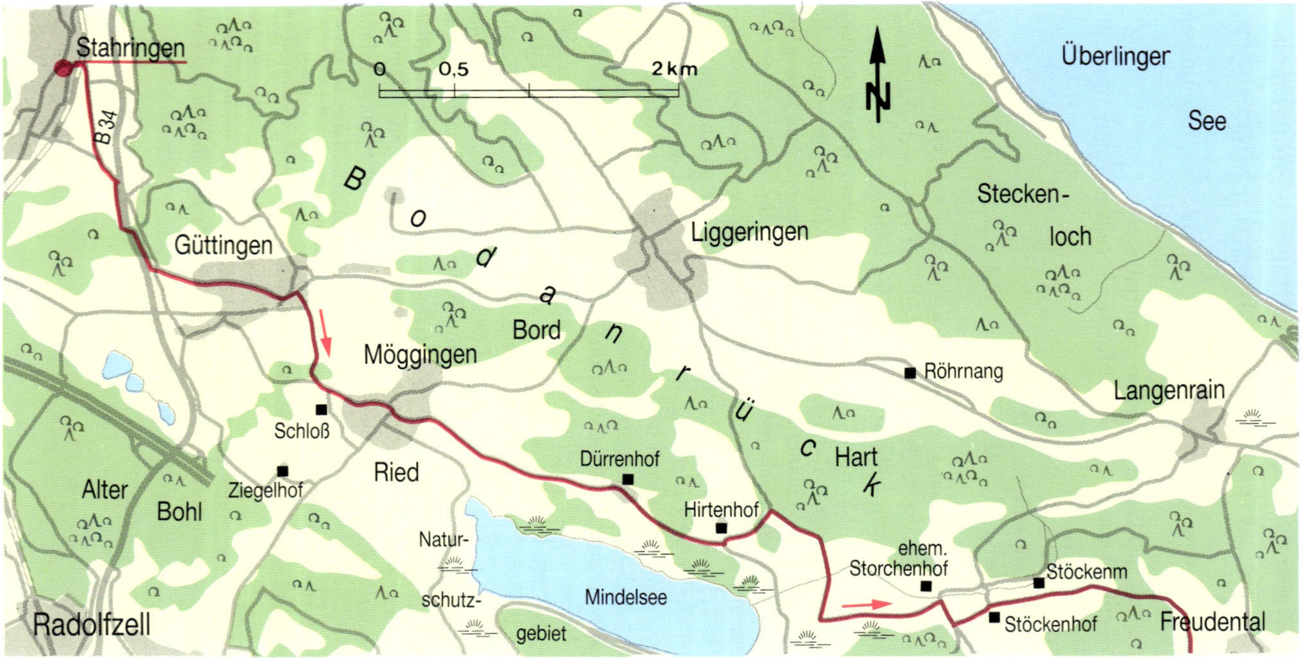
Stahringen
B34
0 0,5 2 km
Überlinger
See
Stecken-
loch
Liggeringen
Güttingen
B o d a n r ü c k
Bord
Möggingen
Röhrnang
Langenrain
Hart
Schloß
Ried
Dürrenhof
Hirtenhof
Ziegelhof
Alter
Bohl
Natur-
schutz-
gebiet
Mindelsee
ehem.
Storchenhof
Stöckenm
Stöckenhof
Freudental
Radolfzell

Nußdorf
Überlinger See
ehem. St. Katharina
Teufelstisch
N
Freudental
Bad
Wallhausen
Dingels-dorf
Fließhorn
Natur-schutz-gebiet
Bodanrück
Dobel
Mühlhalden
Türrainhöfe
Dettingen
Faustenholz
Kaltbrunn
Oberdorf
Homberg
0
0,5
2 km

30 Markelfingen – Möggingen – Güttingen – Bodman

Verkehrsmöglichkeiten Markelfingen: Bahn, Bus. Bodman: Bahnbus.
Parkmöglichkeiten Bahnhof Markelfingen.
Wegmarkierung Rot-weiße Raute auf gelbem Grund, orange 24.
Tourenlänge 13 km.
Wanderzeit 3½ bis 4 Stunden.
Höhenunterschiede 240 m.
Wanderkarte 1:50000 Bodensee Westlicher Teil, Kompass Nr. 1a.
Wissenswertes *Mindelsee* siehe Nr. 32.
Bodman siehe Nr. 5.
Tourenbeschreibung Unsere heutige Wanderung führt uns vom Gnadensee zum Überlinger See über den Bodanrück. Anfangs durchqueren wir *Markelfingen* in nördlicher Richtung und nehmen 400 Meter nach dem letzten Haus, unmittelbar nach Unterquerung der Autobahn, die erste Abzweigung nach links. Durch das Riedgebiet des Mindelsees führt der Weg direkt in das Dorf *Möggingen.* Hier folgen wir dem *Mindelseeweg* und dem *Falkenweg,* zuletzt über einen Wiesenpfad auf das alte Wasserschloß zu. Dem Wassergraben entlang zur Hauptstraße, diese überque-

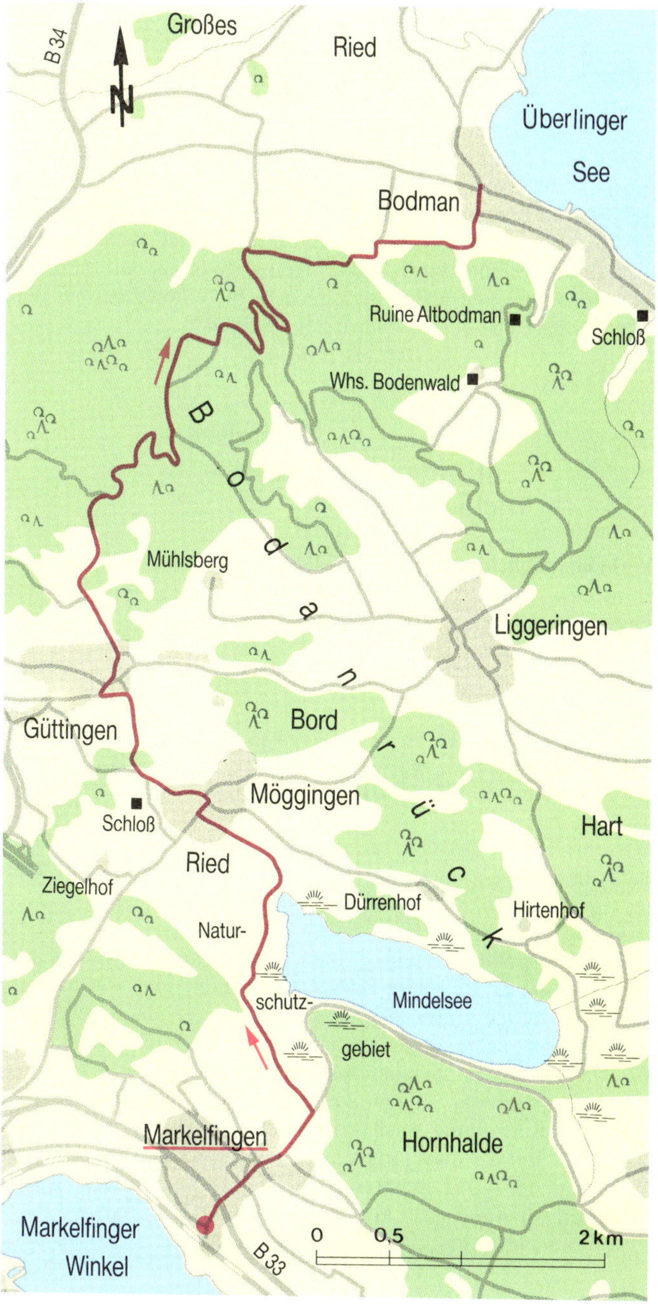

Großes
Ried
B 34
N
Überlinger
See
Bodman
Ruine Altbodman
Schloß
Whs. Bodenwald
Bodanrück
Mühlsberg
Liggeringen
Güttingen
Bord
Möggingen
Hart
Schloß
Ried
Ziegelhof
Dürrenhof
Hirtenhof
Natur-
schutz-
gebiet
Mindelsee
Markelfingen
Hornhalde
Markelfinger
Winkel
B 33
0
0,5
2 km

ren und den Fußweg nach Güttingen benutzen. In *Güttingen* geht es am *Gasthaus Adler* vorbei die *Schloßstraße* bergauf, dann ein kurzes Stück auf der *Gottwiesstraße* bis zur Markierung orange 24, die uns steil bergauf leitet. Nach 1½ Kilometern stoßen wir auf den *Böhlerbergweg,* dem wir nach rechts folgen. 500 Meter später ist die Höhe erreicht. Nun nicht mehr der Markierung orange 24 folgen, sondern geradeaus leicht bergab und bei der nächsten Wegteilung halbrechts gehen. Der Waldweg fällt steil in einigen Serpentinen bergab und mündet nach 1½ Kilometern in die Landstraße Liggeringen – Bodman. Auf dieser bis zum Waldende und hier scharf nach rechts einbiegen. Auf dem Obstwanderweg gelangen wir nach *Bodman.*

31 Markelfingen – Mindelsee – Kaltbrunn – Dettingen – Wallhausen

Verkehrsmöglichkeiten Bahn Markelfingen, Bus Wallhausen – Konstanz.
Parkmöglichkeiten Markelfingen: Bahnhof und Waldparkplatz.
Wegmarkierung 23 und Wanderwegweiser.
Tourenlänge 16 km.
Wanderzeit 4 Stunden.
Höhenunterschiede 100 m.
Wanderkarte 1:50000 Bodensee Westlicher Teil, Kompass Nr. 1a.
Wissenswertes *Tierpark Bodanrück* Schön angelegter Tierpark, in dem neben Rot- und Damwild auch Bison, Bären, Wölfe, Luchse leben.

Mindelsee siehe Nr. 32.

Tourenbeschreibung Vom Bahnhof Markelfingen gelangt man in nordöstlicher Richtung zum *Waldparkplatz* und von hier am Waldrand entlang zum *Mindelsee.* An der ersten Abzweigung wandern wir rechts hinauf bis zur Landstraße und dem *Tierpark Bodanrück* mit Kinderspielplatz und Landgasthof. Vom Parkplatz des Tierparks folgen wir rechts der Wegmarkierung 23 Richtung Kaltbrunn. Nach etwa 500 Metern geht es links ab (ebenfalls mit 23 markiert) und bei der nächsten Abzweigung geradeaus bis zum Landsträßchen. Diesem nach rechts folgend erreichen wir *Kaltbrunn.* Hier zunächst auf der Dorfstraße Richtung Freudental und 600 Meter nach Dorfende rechts ab über

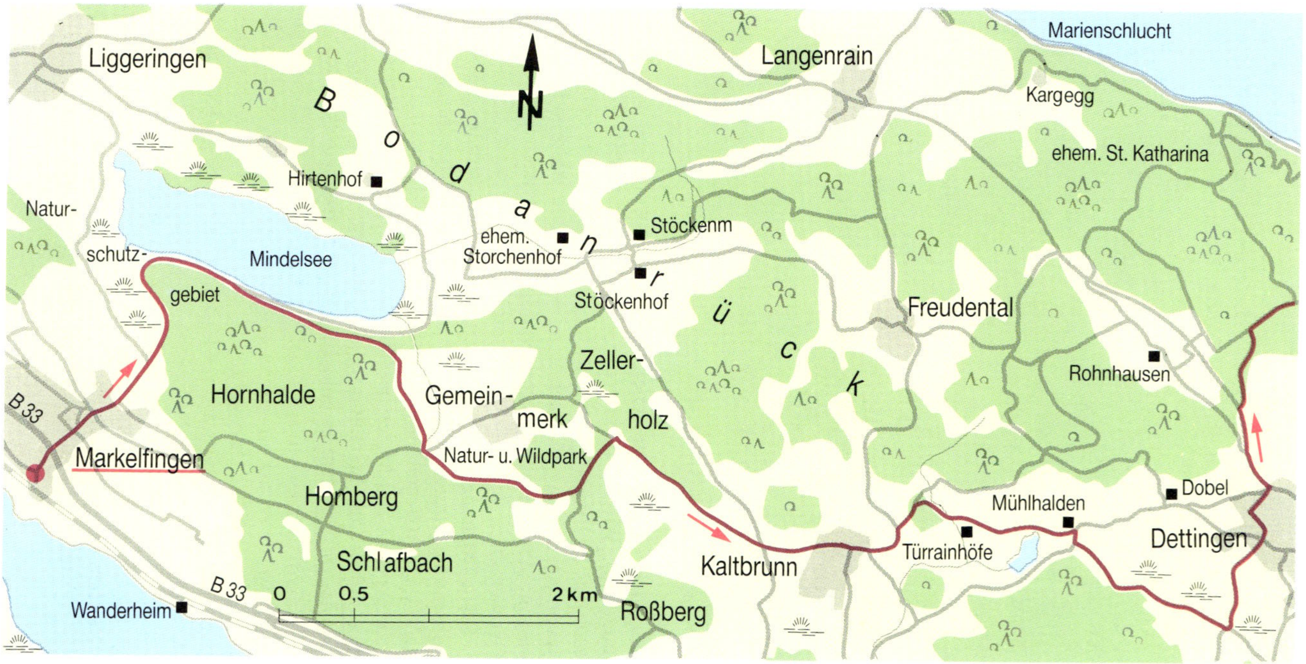

Marienschlucht
Liggeringen
Langenrain
Kargegg
ehem. St. Katharina
N
Bodanrück
Hirtenhof
Natur-
schutz-
gebiet
Mindelsee
ehem.
Storchenhof
Stöckenm
Stöckenhof
Freudental
Rohnhausen
Zeller-
holz
Gemein-
merk
Natur- u. Wildpark
Hornhalde
B 33
Markelfingen
Homberg
Schlafbach
Wanderheim
0
0,5
2 km
Roßberg
Kaltbrunn
Türrainhöfe
Mühlhalden
Dobel
Dettingen

den *Türrainhof* und zwischen Obstbäumen weiter bis zum *Mühlhaldenhof.* Wir haben hier die Landstraße erreicht, die Allensbach mit Dettingen verbindet, folgen ihr 100 Meter nach rechts, bevor wir in den sich nach links wendenden Waldrandweg einbiegen. Auf diesem bis zum Waldende und nach 600 Metern Feldweg links ab Richtung *Dettingen.*

Beim Dorfeingang überqueren wir die Landstraße, gehen die *Sommerbergstraße* bergauf und nehmen die dritte Abzweigung nach rechts *(Hegaublick).* Auf der Landstraße Dettingen – Langenrain etwa 700 Meter bergauf zum *Waldparkplatz Seren.* Von hier führt der beschilderte *Burgfeldweg* bis zum *Parkplatz Eulenbach,* von dem es links bergab nach *Wallhausen* geht.

32 Rund um den Mindelsee Markelfingen – Möggingen – Markelfingen

Verkehrsmöglichkeiten Markelfingen: Bahn, Bus.
Parkmöglichkeiten Von der Ortsmitte in nordöstlicher Richtung Wanderparkplatz beim Waldeingang.
Wegmarkierung Teils Bodensee-Rundwanderweg-Zeichen, teils Fernwanderwegmarkierung (rot-weiße Raute auf gelbem Grund).
Tourenlänge 12 km ab Bahnhof, 10 km ab Waldparkplatz.
Wanderzeit 3–3½ Stunden.
Höhenunterschiede 50 m.
Wanderkarte 1:50000 Bodensee West, Kompass Nr. 1a.
Wissenswertes Der *Mindelsee* ist ein eiszeitlicher Moränensee und hat eine Fläche von 110 Hektar. Informationen und eine kleine Ausstellung über das Naturschutzgebiet Mindelsee gibt es im Haus des Bundes für Natur und Umweltschutz in Möggingen.

Schloß Möggingen mit Resten des ehemaligen doppelten Ringgrabens wurde der Max-Planck-Gesellschaft zur Nutzung

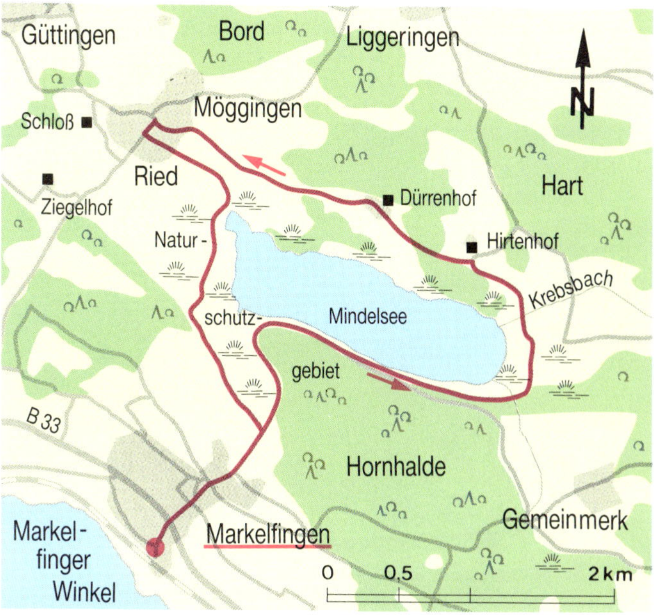

überlassen und ist nicht zu besichtigen. Zugängig ist aber der Innenhof mit großen Volieren, in denen Uhus, Kolkraben und Fasane gehalten werden.

Tourenbeschreibung Vom *Bahnhof Markelfingen* erreicht man in nordöstlicher Richtung durch den Ort einen Wanderparkplatz, bei dem die Rundtour beginnt. Nach einem kurzen Wegstück am Waldrand entlang liegt der idyllische Mindelsee vor uns. Durch schönen Buchenwald, der sich hier am südlichen Teil des Sees bis zum Ufer erstreckt, wählen wir den untersten Wanderweg in unmittelbarer Wassernähe. Dem Bodensee-Rundwanderweg-Zeichen folgend zweigt man am Ende des Sees links ab und geht zunächst durch Ried, dann auf einem Feldsträßchen bis zum *Hirtenhof*. Während der Bodensee-Rundwanderweg hier weiter geradeaus verläuft, biegen wir links in einen Waldweg ab, der vom Schwarzwaldverein markiert ist (rot-weiße Raute auf gelbem Grund). Dieser Höhenweg bietet schöne Ausblicke über den Mindelsee und bis zu den Vulkankegeln des Hegau. Richtung Süden erkennt man den Münsterturm von Radolfzell, dahinter den Schienerberg, die Höri und den Schweizer Seerükken.

In *Möggingen* folgen wir ab dem Bund-Haus etwa 50 Meter der Straße in südliche Richtung und biegen links in die *Mindelseestraße* ein. Beim Beginn des Naturschutzgebietes (Tafel) nach rechts und auf diesem Weg bleiben bis zum Ausgangspunkt der Wanderung.

Zu Tour 33, 35 Allensbach von der Insel Reichenau aus gesehen
(Foto: Brigitte Schäfer)

33 Allensbach – Stöckenhof – Langenrain – Marienschlucht – Kaltbrunn – Allensbach

Verkehrsmöglichkeiten Allensbach: Bahn, Bus.
Parkmöglichkeiten Allensbach: 100 m östlich vom Bahnhof.
Wegmarkierung Siehe Tourenbeschreibung.
Tourenlänge 17 km.
Wanderzeit 4–5 Stunden.
Höhenunterschiede 130 m.
Wanderkarte 1:50000 Bodensee Westlicher Teil, Kompass Nr. 1a.
Wissenswertes *Allensbach* siehe Nr. 37.

Marienschlucht, zwischen der Ruine Kargegg, einer im 30jährigen Krieg zerstörten Ritterburg und dem Seeufer gelegene 400 Meter lange und bis zu 2 Meter enge Schlucht am Nordufer des Bodanrück. Naturschutzgebiet. Vorsicht nach starken Regenfällen!

Tourenbeschreibung Vom Bahnhof in *Allensbach* begeht man die *Radolfzeller Straße* in westlicher Richtung bis zur *Holzgasse* und folgt dann dieser zum Ortsende. Weiter mit der Markierung »braune 25 auf weißen Grund« kommen wir nach Durchquerung des *Hofguts Fischerhaus* zur Landstraße Kaltbrunn – Markelfingen. Diese wird überquert. Kurz danach biegt der markierte Wanderweg nach Freudental ab. Wir gehen jedoch immer geradeaus weiter, bis unser Weg auf die Landstraße Langenrain – Markelfingen stößt. Hier scharf nach rechts zum *Stöckenhof* abbiegen und vor dem Hofgebäude nach links hinunter zur *Stökkenmühle* (schöner Blick auf den Mindelsee).

Auf dem von der Stöckenmühle nach rechts in den Wald einbiegenden Wanderweg halten wir uns bei der ersten Abzweigung rechts, bei der zweiten Abzweigung links und stoßen bei der dritten Abzweigung wieder auf die Markierung »braune 25«, der wir bis kurz vor Langenrain folgen. Auf der Landstraße Langenrain – Dettingen etwa 100 Meter nach rechts, dann links zum Golfplatz (Wegweiser) einbiegen. Der mit rot-weißer Raute auf gelben Grund markierte Wanderweg führt uns zur *Marienschlucht.* Nach Überquerung des Bodanrück sind wir an seinem steilen Nordufer angelangt und werden mit schönen Ausblicken auf den Überlinger See belohnt. Ein zusätzlicher Reiz zu der Bewegung in einem ohnehin idealen Wandergebiet. Wir folgen der Markierung rot-weiße Raute auf gelbem Grund zur *Ruine Kargegg* und etwa 1½ Kilometer weiter Richtung Wallhausen. Erst bei Erreichen einer Holzhütte (ehem. St. Katharina) verlas-

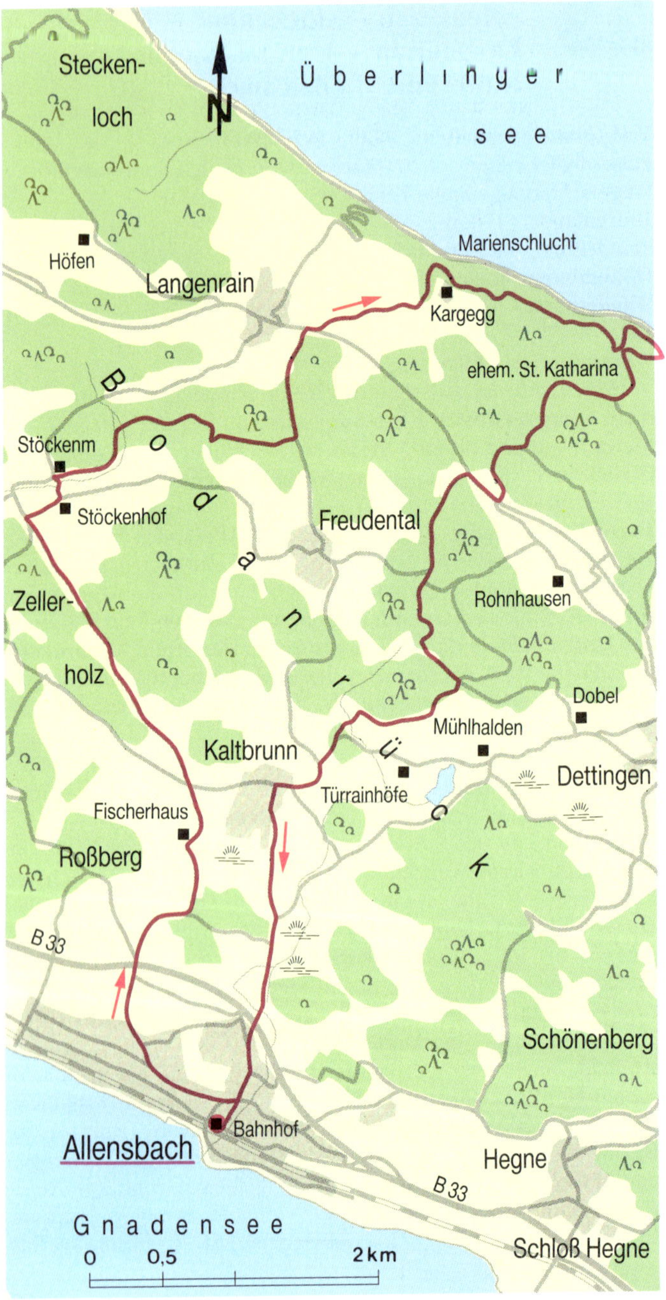

Stecken-
loch
N
Überlinger
see
Marienschlucht
Höfen
Langenrain
Kargegg
ehem. St. Katharina
Bodanrück
Stöckenm
Stöckenhof
Freudental
Zeller-
holz
Rohnhausen
Dobel
Mühlhalden
Kaltbrunn
Dettingen
Türrainhöfe
Fischerhaus
Roßberg
B 33
Schönenberg
Bahnhof
Allensbach
Hegne
B 33
Gnadensee
0
0,5
2 km
Schloß Hegne

sen wir diesen Fußweg und wandern auf dem scharf nach rechts abbiegenden Waldweg leicht bergauf weiter. Bei der ersten Abzweigung mit Wegweiser geht es Richtung Dettingen. Bei der nächsten Wegkreuzung bleiben wir auf dem bezeichneten *St.-Katharina-Weg,* dem wir immer geradeaus folgen bis zur Landstraße Dettingen – Langenrain.

Nach 200 Metern nach links in den *Streitmoosweg* bis zur ersten Kreuzung mit Holzwegweisern. Diese leiten uns unfehlbar nach *Kaltbrunn,* von wo aus es über die Kreisstraße nach *Allensbach* geht.

34 Halbinsel Mettnau (Zeller-, Gnadensee)

Verkehrsmöglichkeiten Bahn, Bus, Schiff.
Parkmöglichkeiten Parkdeck am Bahnhof Radolfzell.
Wegmarkierung Keine.
Tourenlänge 6 km. **Wanderzeit** 1½ Stunden.
Höhenunterschiede Keine.
Wanderkarte 1:50000 Bodensee West, Kompass Nr. 1a.
Wissenswertes Die *Halbinsel Mettnau* schiebt sich 3 Kilometer in den Untersee. An den hier einige Jahre (1876–1892) lebenden Dichter Victor von Scheffel erinnert das Scheffelschlößchen. Heute ist die Mettnau bekannt durch ihr modernes Kur- und Sportzentrum.

Tourenbeschreibung Durch die Bahnunterführung gelangen wir direkt ans Seeufer. Auf der gepflegten Uferpromenade geht es in östlicher Richtung bis zur *Scheffelstraße.* Nach etwa 300 Metern biegen wir rechts in die *Mettnaustraße,* wandern immer am See entlang und zum Schluß über einen Naturpfad bis zum Aussichtsturm im Naturschutzgebiet.

Für den Rückweg bieten sich zwei Möglichkeiten an: entweder vom *Kurzentrum* durch den Kurpark oder auf der nördlichen Seite der Halbinsel zurück zur Radolfzeller Uferpromenade.

35 Insel Reichenau

Verkehrsmöglichkeiten Bahn, Bahnbus, Schiff.
Parkmöglichkeiten Beim Bootshafen und den drei Kirchen.
Wegmarkierung »Uferweg« rund um die Insel. Abkürzungen durch mehrere Querverbindungen möglich.
Tourenlänge 12 km.
Wanderzeit 3 Stunden.
Höhenunterschiede Keine.
Wanderkarte 1:50000 Bodensee Westlicher Teil, Kompass Nr. 1a.
Wissenswertes Größte Bodenseeinsel, im westlichen Teil (Untersee) gelegen. Genaugenommen handelt es sich um eine Halbinsel, ist sie doch seit 1840 durch einen Damm (Pappelallee) mit dem Festland verbunden. Die »reiche Aue« mißt etwa 4½ Kilometer Länge und fast 2 Kilometer an ihrer breitesten Stelle. Die größte Fläche ist dem Wein-, Salat- und hauptsächlich Gemüseanbau vorbehalten (in einem Jahr werden allein etwa 8 Mill. Gurken geerntet). Weitere Haupterwerbe sind intensiver Fischfang und Fremdenverkehr.

Um 724 gründete Bischof Pirmin mit Hilfe des lokalen Adels die Reichenauer Abtei. Die Hochblüte erlebte das Kloster vom 8. bis 11. Jahrhundert. In dieser Zeit entstanden auch die drei romanischen Kirchen auf der Insel. St. Georg in Oberzell (unter Heito III. 888–913 erbaut) mit Fresken aus dem 10. Jahrhundert. Marienmünster in Mittelzell (9.–11. Jh.), einst geistiger Mittelpunkt der Benediktinerabtei und heute noch Spiegelbild der Geschichte des Reichenauer Klosters. Stiftskirche St. Peter und Paul in Niederzell: Gründungsbau aus dem 8. Jahrhundert, Erweiterungsbauten im 9. Jahrhundert und nach zwei Bränden im 11. und 12. Jahrhundert. Wandmalereien.

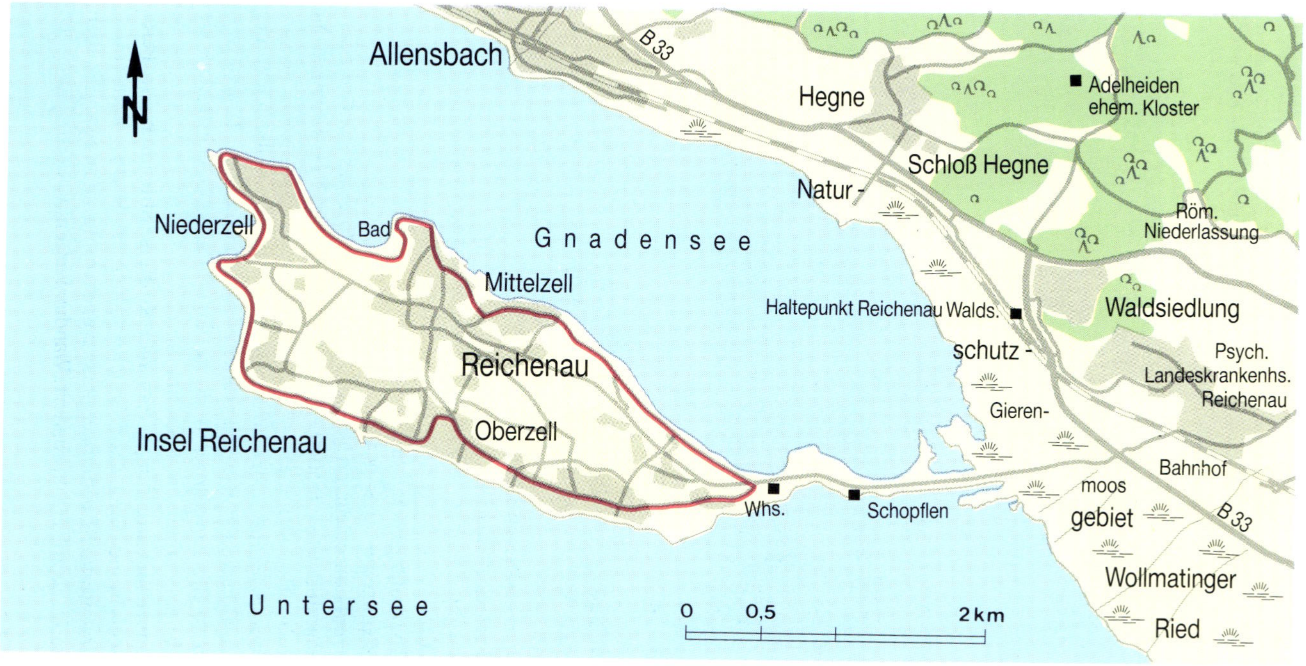
N
Allensbach
B 33
Hegne
Adelheiden
ehem. Kloster
Schloß Hegne
Natur -
schutz -
Gieren-
moos
gebiet
Röm.
Niederlassung
Waldsiedlung
Haltepunkt Reichenau Walds.
Psych.
Landeskrankenhs.
Reichenau
Bahnhof
B 33
Wollmatinger
Ried
Niederzell
Bad
Mittelzell
Reichenau
Oberzell
Insel Reichenau
Gnadensee
Untersee
Whs.
Schopflen
0
0,5
2 km

Reichenauer Heimatmuseum in einem der ältesten Fachwerkhäuser Süddeutschlands.

Höchster Punkt der Insel ist die Hochwart (439 m) mit schöner Aussicht und wechselnden Ausstellungen.

St. Georg in Oberzell (Foto: Brigitte Schäfer)

36 Hegne – Dettingen – Adelheiden – Hegne

Verkehrsmöglichkeiten Bahn, Bus.
Parkmöglichkeiten Kloster Hegne.
Wegmarkierung Bodensee-Rundwanderweg-Zeichen und Grün 20.
Tourenlänge 11 km.
Wanderzeit 3 Stunden.
Höhenunterschiede 60 m.
Wanderkarte 1:50000 Bodensee Westlicher Teil, Kompass Nr. 1a.
Wissenswertes Der im dem kleinen Ort *Hegne* auffallend große Renaissancebau war früher ein Schloß und u.a. Sommerresidenz der Konstanzer Bischöfe. Heute befindet sich in dem Gebäudekomplex ein Kloster.
Tourenbeschreibung Vom *Kloster Hegne* auf dem Bodensee-Rundwanderweg das Dorf hinauf bis zum *Gasthof Meisterklause*. Wenige Schritte nach links und beim Wanderwegweiser Richtung Kaltbrunn nach rechts in den Wald einbiegen. Durch die-

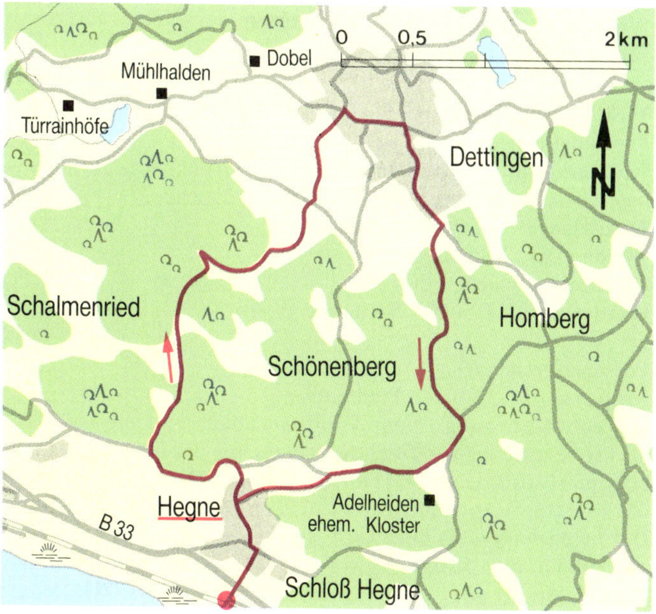

sen zunächst geradeaus, dann am Waldrand entlang erreicht man ein freies Feld- und Wiesengelände. Nach dessen Querung folgen wir der Markierung Grün 20 geradeaus bis zum zweiten Weg links und bei den nächsten beiden Abzweigungen zuerst rechts, dann geradeaus. So erreichen wir bald ein geteertes Feldsträßchen, dem wir bis zu den ersten Häusern von *Dettingen* folgen. Bis hierher hat uns immer noch die »grüne 20« als Markierung geführt. Über die Allensbacher Straße geht es zum *Gasthaus Kreuz* und von hier rechts hinunter bis zum Ortseingangsschild. An Schrebergärten vorbei wandern wir auf ein Waldstück zu und biegen nach 100 Metern links ab. Bei der nächsten Abzweigung geht man rechts weiter durch den Wald, überquert die erste Kreuzung (Wegweiser »Hegne«) geradeaus und hält sich bei der zweiten Kreuzung rechts – vorbei am *Adelheidenhof* – in Richtung *Hegne* (Wanderwegweiser).

37 Dingelsdorf – Hegne – Allensbach

Verkehrsmöglichkeiten Dingelsdorf: Bus, im Sommer Schiff.
Parkmöglichkeiten Dingelsdorf am See.
Wegmarkierung Blaue 26 auf weißem Grund, rote 22 auf weißem Grund, Bodensee-Rundwanderweg-Zeichen.
Tourenlänge 12 km.
Wanderzeit 3 Stunden.
Höhenunterschiede 100 m.
Wanderkarte 1:50000 Bodensee Westlicher Teil, Kompass Nr. 1a.
Wissenswertes *Hegne* siehe Nr. 36.
Allensbach Barocke Pfarrkirche.
Tourenbeschreibung Vom *Schiffslandeplatz* in *Dingelsdorf* zunächst bergauf bis zur *Tingoltstraße,* die bei der Fußgängerampel überquert wird. Über den Dorfplatz in den *Mühlbachweg,* der in die Kreisstraße mündet. Dieser müssen wir nach links Richtung Dettingen folgen bis kurz nach Beginn des Waldes. Hier biegen wir links in den *Sengerbergweg* ein und folgen der Markierung »blaue 26« bis zum *Dingelsdorfer Ried.* Zwischen den beiden

(Foto: Ulrich Schnabel)

Überlinger See
Wallhausen
Bad
Bad
Freudental
Rohnhausen
Dingels-dorf
Ziegelhof
Dobel
Türrainhöfe
Mühlhalden
Kaltbrunn
Fließhorn
Dettingen
Roßberg
Oberdorf
Bodanrück
B 33
Homberg
Schönenberg
Naturschutzgebiet
Litzelstetten
Bahnhof
Allensbach
B 33
Hegne
Adelheiden
ehem. Kloster
0
0,5
2 km

Teichen geradeaus weiter wird die Landstraße Wollmatingen – Dettingen erreicht. Wir überqueren diese und folgen nun im Wald weiter der blauen 26. Kurz vor dem *Hof Adelheiden* nehmen wir bei einer Kreuzung den Weg nach rechts (Markierung: rote 22 auf weißem Grund), der nach *Hegne* führt. Am Sportplatz vorbei ist bald der *Gasthof »Meisterklause«* erreicht. Hinter dem Gasthof rechts zum Waldrand und auf dem Bodensee-Rundwanderweg immer am Waldrand entlang mit schöner Aussicht auf den Gnadensee, den Zeller See und die Insel Reichenau bis *Allensbach.*

38 Litzelstetten – Dingelsdorf – Oberdorf – Litzelstetten

Verkehrsmöglichkeiten Bus.
Parkmöglichkeiten Kleiner Parkplatz am Ortsausgang Richtung Dingelsdorf.
Wegmarkierung Teilweise rot-weiße Raute auf gelbem Grund.
Tourenlänge 7 km. **Wanderzeit** 2 Stunden.
Höhenunterschiede 50 m.
Wanderkarte 1:50000 Bodensee West, Kompass Nr. 1a.
Tourenbeschreibung Schon beim kleinen Parkplatz am Ortsausgang von *Litzelstetten* kann man sich an einer schönen Wegkapelle von 1848 erfreuen und prächtige Seeblicke genießen.

Nistender Storch (Foto: Brigitte Schäfer)

Nach etwa 50 Metern auf der Kreisstraße Richtung Dingelsdorf biegen wir rechts ab und wandern auf einem Höhenweg mit Aussicht auf Überlinger See und Obersee bis in den ruhigen Ferienort *Dingelsdorf.* Nach etwa 100 Metern auf der Kreisstraße Richtung Litzelstetten geht es bei der Tingolthalle rechts ab und geradeaus weiter bis zum Waldrand. Von hier in östliche Richtung ist bald *Oberdorf* erreicht, wo wir die erste Straße rechts hinaufwandern. Am Waldrand angekommen hält man sich links und folgt ab hier der Markierung »rot-weiße Raute auf gelbem Grund«, die zum schönsten Aussichtspunkt der Wanderung, dem *Purren,* führt. Nun geht es hinunter nach *Litzelstetten.* Zum Parkplatz zurück gelangt am besten über den *Marienweg.*

39 Insel Mainau

Verkehrsmöglichkeiten Bus, Schiff.
Parkmöglichkeiten Großer, gebührenpflichtiger Parkplatz auf dem Festland.
Wegmarkierung »Rundweg«.
Tourenlänge Rundweg 4 km, Gesamtwegenetz auf der Insel 16 km.
Wanderzeit 2–3 Stunden.
Höhenunterschiede Unbedeutend.
Wanderkarte 1:50000 Bodensee West, Kompass Nr. 1a.
Anmerkung Die Hauptsaison auf der Insel dauert von Ende März bis Ende Oktober. Der Besuch kostet Eintritt. Im Winter ist die Insel bei freiem Eintritt zugänglich. Für das leibliche Wohl wird durch die Mainauer Gastronomie ganzjährig gesorgt. Übernachtungsmöglichkeiten gibt es auf der Insel keine.
Wissenswertes Die Insel soll schon den Römern als strategischer Stützpunkt gedient haben. Seit dem 13. Jahrhundert war sie 500 Jahre im Besitz des Deutschen Ritterordens. In dieser Zeit wurden durch Johann Caspar Bagnato das Barockschloß und die Schloßkirche erbaut. 1853 erwarb Großherzog Friedrich I. von Baden die Insel, von ihm wurde der Grundstein zum heutigen Park gelegt. Zu der in aller Welt bekannten Blumeninsel verwandelte Graf Lennart Bernadotte die Mainau, der seit 1930 Besitzer ist.

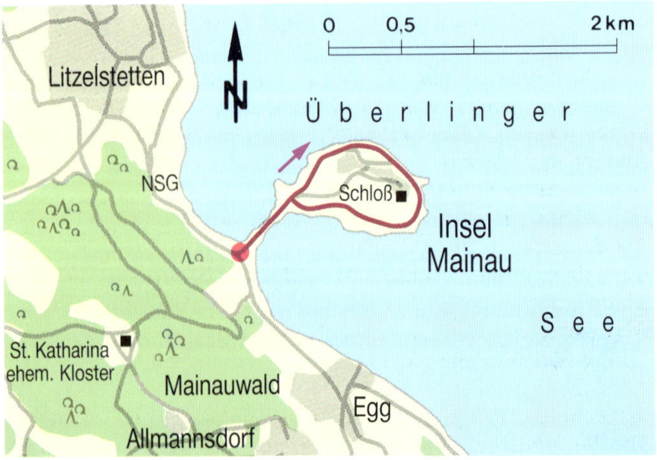

Der jahreszeitliche Blumenreigen beginnt mit der Orchideenschau im Palmenhaus und den über eine Million Tulpen, Narzissen und Hyazinthen im Park. Es folgt die Rhododendrenblüte, die Blüte der Rosen und als letzter Höhepunkt im Blumenjahr die Dahlienschau. Der alte Baumbestand mit zum Teil exotischen Exemplaren ist zu jeder Jahreszeit sehenswert.

Insel Mainau (Foto: Brigitte Schäfer)

40 Konstanz – Litzelstetten – Wallhausen – Langenrain

Verkehrsmöglichkeiten Konstanz: Bahn, Bus, Schiff.
Parkmöglichkeiten Auf dem Döbele und Parkhäuser.
Wegmarkierung Weiß-rote Raute auf gelbem Grund.
Tourenlänge 18 km.
Wanderzeit 5 Stunden.
Höhenunterschiede 100 m.
Wanderkarte 1:50000 Bodensee West, Kompass Nr. 1a.
Abstecher Insel Mainau, Dingelsdorf, Dettingen, Marienschlucht.
Wissenswertes *Konstanz* siehe Nr. 4.
Insel Mainau siehe Nr. 39.
Marienschlucht siehe Nr. 33.
Tourenbeschreibung Vom Ausgangspunkt geht es über die *Alte Rheinbrücke,* den *Zähringer Platz* und die *Friedrichstraße*

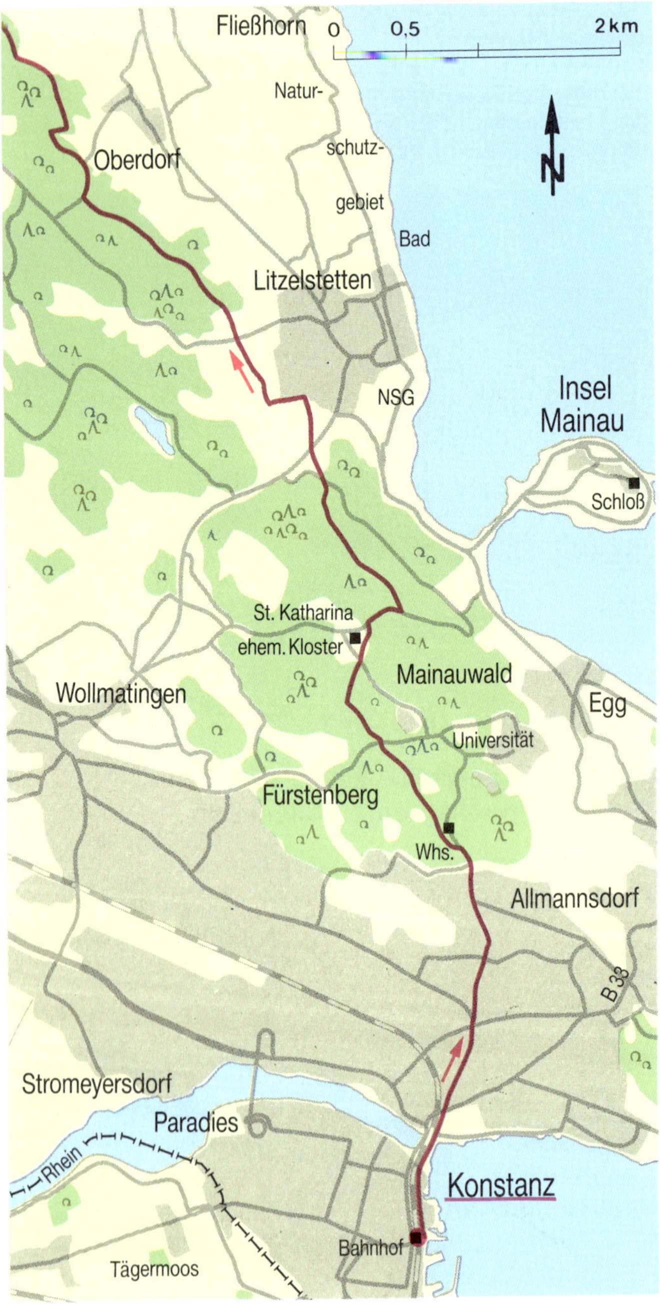

Fließhorn
0
0,5
2 km
N
Natur-
schutz-
gebiet
Bad
Oberdorf
Litzelstetten
NSG
Insel
Mainau
Schloß
St. Katharina
ehem. Kloster
Mainauwald
Wollmatingen
Egg
Universität
Fürstenberg
Whs.
Allmannsdorf
B 33
Stromeyersdorf
Paradies
Rhein
Konstanz
Bahnhof
Tägermoos

Überlinger See
N
Marienschlucht
Teufelstisch
Bad
Burghof
Bad
NSG
Kargegg
ehem.
St. Katharina
Dingels-
dorf
Wallhausen
Langenrain
Oberdorf
Rohnhausen
Freudental
Dobel
Schloß
Dettingen
Mühlhalden
0
0,5
2 km

Richtung Universität. Für diejenigen, die sich stark befahrene Stadtstraßen ersparen wollen, empfiehlt sich die Benutzung des Städtischen Busses bis zur Haltestelle *Jacob-Burkhardt-Straße* am Rande des Mainauwaldes. Hier findet man auch gleich die Markierung, die durch den Mainauwald über *St. Katharina* (ehem. Kloster) nach *Litzelstetten* und hier zum höchsten Punkt, dem aussichtsreichen *Purren,* führt. Auf breiten Waldwegen oberhalb von Oberdorf und Dingelsdorf, bis nach etwa 3 Kilometern die Kreisstraße Dingelsdorf – Dettingen überquert wird. Über freies Gelände wandern wir mit herrlichen Ausblicken auf den Überlinger See zum *Waldparkplatz Eulenbach* oberhalb von Wallhausen.

Geradeaus weiter bis zu einer Weggabelung, wo wir auf dem mittleren Weg Richtung *Ruine Kargegg* weiterwandern. Dort biegen wir links ab und folgen der Markierung nach *Langenrain.*

Yachthafen Konstanz am Bodensee (Foto: Klaus Puntschuh)

41 Konstanz – Seepromenade – Hörnle – Lorettowald – Konstanz

Verkehrsmöglichkeiten Konstanz: Bahn, Schiff, Bus.
Parkmöglichkeiten Parkhäuser Fischmarkt und an der Laube.
Wegmarkierung Zum Teil Bodensee-Rundwanderweg-Zeichen.
Tourenlänge 6 km.
Wanderzeit 1½ Stunden.
Höhenunterschiede Keine.
Wanderkarte 1:50000 Bodensee Westlicher Teil, Kompass Nr. 1a.
Wissenswertes *Konstanz* siehe Nr. 4.

Lorettowald Ursprünglich »Eichhornwald« (seit dem 12. Jh.), später auch »Jakobswald« genannt, war zunächst im Besitz des 983 gegründeten Klosters Petershausen. Ging nach dessen Auflösung an die Markgrafen von Baden und wurde 1907 von der Spitalstiftung Konstanz erworben. Waldlehrpfad.

Anmerkung Bademöglichkeit im Jakobsbad (Hallenbad und Freibad mit Thermalbecken, Seezugang, Eintrittsgebühr) und Strandbad Hörnle (See, freier Eintritt).

Tourenbeschreibung Vom belebten Konstanzer Hafen führt uns der Weg durch den *Stadtgarten,* am bekannten *»Insel-Hotel«* vorbei und über die *»alte Rheinbrücke«* zur *Seestraße.* Wen wundert's, daß an der prächtigen Uferpromenade mit Blick auf die alte Konzilstadt und das gegenüberliegende Schweizer Ufer re-

Zu Tour 4, 5, 40, 41 **Konzilgebäude in Konstanz** (Foto: Verkehrsamt Konstanz)

nommierte Hotels, Restaurants und das Spielcasino einen idealen Standort haben. Zur Freude der Wanderer wurde vor einigen Jahren der gesamte Uferweg bis um das Konstanzer Horn für Fußgänger freigegeben. So können wir an der Stelle, an der der Bodensee-Rundwanderweg links abbiegend das Ufer verläßt (Markierung), weiter in direkter Seenähe bleiben. Vorbei am *Strand- und Thermalbad Jakob* und dem *Hörnle-Strandbad* genießt man den Blick auf den sich weit öffnenden Obersee mit seinen Dreiländer-Ufern (bei Föhnwetterlage Alpensicht). Nach den Badeanlagen kommen wir in ein Waldstück und folgen etwa 300 Meter später dem Bodensee-Rundwanderweg-Zeichen links hinauf und quer durch den *Lorettowald,* bis wir beim *Parkwohnstift Rosenau* (Seniorenwohnstätte) wieder den Uferweg erreichen.

Überlinger See

Der nördlichste Arm des Bodensees ist zwischen Überlingen und dem gegenüberliegenden Klausenhorn nur 1½ Kilometer breit. Dadurch hat der Überlinger See im Gegensatz zur maritimen Weite des Obersees einen eher intimen Charakter.

Seine steilen, zwischen Meersburg und Ludwigshafen der Sonne entgegen gerichteten Uferhänge tragen Obstgärten und Wein, so die bekannte Lage »Überlinger Felsengarten«.

Auch das Südufer des Überlinger Sees ist steil. Hier reichen die bewaldeten Hänge des Bodanrück bis zum Wasserspiegel. Der Uferstreifen zwischen Wallhausen und Bodman ist ausschließlich dem Wanderer vorbehalten. In dieser naturbelassenen Landschaft liegt die gern besuchte romantische Marienschlucht.

42 Stockach – Ludwigshafen

Verkehrsmöglichkeiten Bahnbus Stockach – Ludwigshafen.
Parkmöglichkeiten Am Bahnhof in Stockach.
Wegmarkierung Gelb-blaue Raute.
Tourenlänge 7 km.
Wanderzeit 2 Stunden.
Höhenunterschiede 120 m.
Wanderkarte 1:50000 Hegau Bodensee Landesvermessungsamt Baden-Württemberg Blatt 10.
Wissenswertes *Stockach* Seit 1351 wird jedes Jahr am »Schmotzigen Dunschtig« das »Hohe Grobgünstige Narrengericht« abgehalten. An den Urheber dieses alemannischen Fastnachtsbrauchs, den Hofnarren Hans Kuony, erinnert ein Brunnen auf dem Marktplatz.
Tourenbeschreibung Am Gasthaus »Linde« in der Nähe des Bahnhofs vorbei und ein kurzes Stück entlang der Straße Richtung Ludwigshafen, bis die Wegmarkierung nach rechts zeigt. Zunächst an der Aach entlang, dann auf einer Brücke über die Autobahn. Im nun folgenden Wald verlassen wir bald den breiten Weg nach links und wandern auf schmalem Pfad immer der gelb-blauen Raute folgend, vorbei an der *Römerquelle,* Richtung Guggenbühl weiter. Etwa 1½ Kilometer vor Ludwigshafen wird der Blick frei auf den Bodanrück, Bodman und den westlichsten Zipfel des Sees. Bald danach ist der *Guggenbühl,* höch-

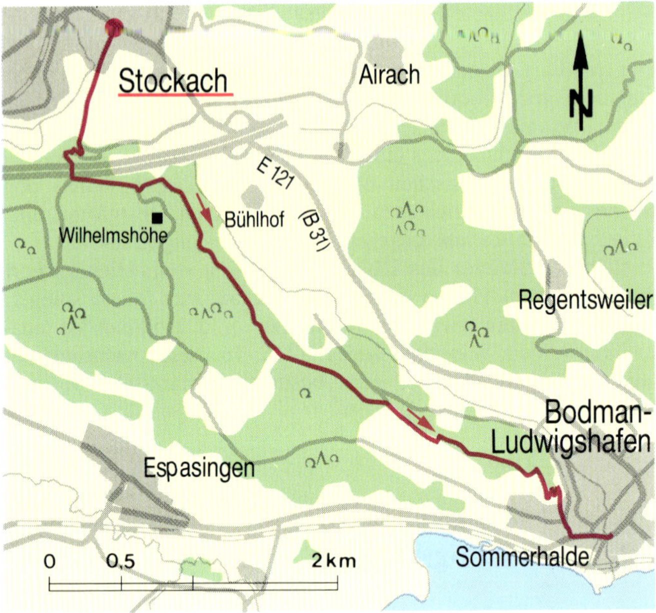

ster Punkt der Wanderung, erreicht. Die Aussicht auf den ganzen Überlinger See ist beeindruckend. Steil führt der Wanderweg hinunter nach *Ludwigshafen*.

43 Überlingen – Goldbach – Gletschermühle – Sipplingen

Verkehrsmöglichkeiten Überlingen und Sipplingen: Bahn, Bus, Schiff.
Parkmöglichkeiten Bahnhof West.
Wegmarkierung H 1, H 2 und Wanderwegweiser.
Tourenlänge 7 km.
Wanderzeit 2 Stunden.
Höhenunterschiede 100 m.
Wanderkarte 1:50000 Bodensee West, Kompass Nr. 1a.
Abstecher Sylvesterkapelle in Goldbach, Hödinger Tobel und Sieben Kurfirsten.

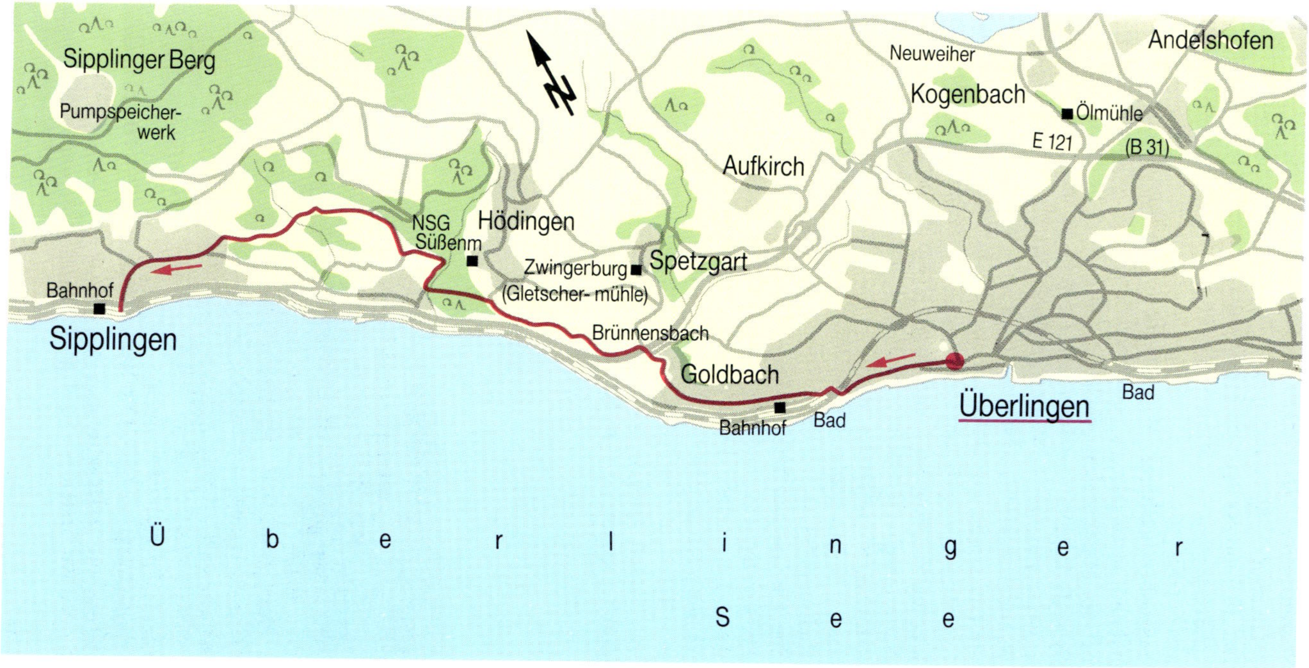
Sipplinger Berg
Pumpspeicher-werk
NSG Süßenm
Hödingen
Zwingerburg
(Gletscher- mühle)
Spetzgart
Aufkirch
Neuweiher
Kogenbach
Ölmühle
E 121
(B 31)
Andelshofen
Bahnhof
Sipplingen
Brünnensbach
Goldbach
Bahnhof
Bad
Überlingen
Bad
Überlinger
See

Wissenswertes *Überlingen* siehe Nr. 7.

Goldbach Sylvesterkapelle, kleiner frühromanischer Bau (10. Jh.) mit Resten von Fresken der Reichenauer Malschule.

Gletschermühle Strudeltopf von fast 20 Meter Durchmesser aus der Eiszeit.

Tourenbeschreibung Wir überqueren die Bahnlinie beim Westbahnhof in *Überlingen* und gehen durch die *Goldbachgasse,* vorbei am Maiengericht, nach *Goldbach.* Wer die frühromanische Sylvesterkapelle im untersten Dorfteil an der Bahnlinie anschauen möchte, bekommt im Haus Nr. 8 den Schlüssel. Die Wanderung wird jedoch dort fortgesetzt, wo die Goldbachgasse die Dorfstraße von Goldbach erreicht. Letztere überqueren und dem Wanderwegzeichen Hödingen – Haldenhof sowie der Markierung H 1 folgend kommen wir durch Wald und Reben zum Naturdenkmal *Gletschermühle.* Auf den Wanderweg zurückgekehrt, noch ein kurzes Stück in nördliche (rechts erkennen wir das zu Salem gehörende Schloß Spetzgart), dann in westliche Richtung (H 2) am Rande des Steilabsturzes zum Überlinger See hin, bis zur *Süßenmühle.* Wir halten uns weiterhin an die Markierung H 2 und Wegweiser »Sieben Kurfirsten – Sipplingen«. Über einen kleinen Landwirtschaftsweg wird das Dorf *Sipplingen* bald erreicht. Etwa 500 Meter vor Ortseingang weist eine Tafel auf den Abstecher zu den 300 Meter südlich gelegenen Sieben Kurfirsten hin. Es sind dies sieben Felsnadeln, die durch Erosion aus dem Molassefels herausmodelliert wurden.

Zu Tour 7, 43, 45, 46, 47, 48 Neue Uferpromenade in **Überlingen**
(Foto: Städtische Kurverwaltung in Überlingen)

44 Birnau – Prälatenweg – Salem

Verkehrsmöglichkeiten Bus.
Parkmöglichkeiten Klosterkirche Birnau.
Wegmarkierung Wanderwegweiser »Prälatenweg« und K 3.
Tourenlänge 6 km.
Wanderzeit 1½ Stunden.
Höhenunterschiede Unwesentlich.
Wanderkarte 1:50000 Bodensee West, Kompass Nr. 1a.

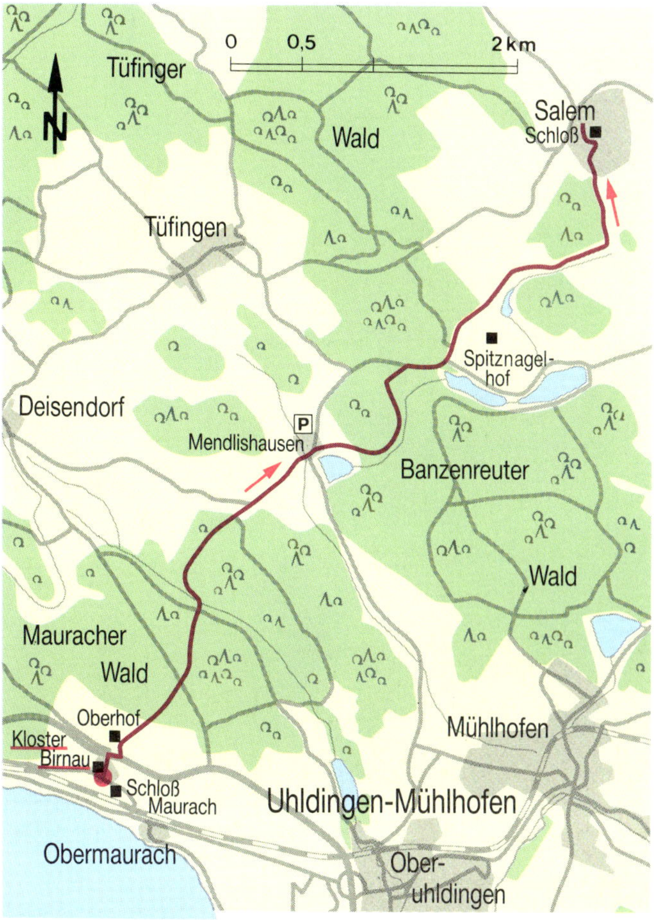

Zu Tour 7, 44, 46 Klosterkirche Birnau (Foto: Brigitte Schäfer)

Anmerkung Einkehrmöglichkeit am Mendlishauser Hof (Hofschenke) und in Salem. Kombinationsmöglichkeit mit Wanderung Nr. 45.

Wissenswertes *Barockkirche Birnau* im Auftrag der Zisterzienserabtei Salem um 1750 vom Vorarlberger Meister Peter Thumb erbaut.

Weitläufige *Klosteranlage Salem,* 1137 gegründet und im Mittelalter bedeutendste Zisterzienserabtei Oberschwabens. Nach Säkularisation Schloß der Markgrafen von Baden. Heute befindet sich im Klosterbau das berühmte Internat Schloßschule Salem.

Tourenbeschreibung Der Prälatenweg verbindet heute noch die beiden Sehenswürdigkeiten. Oberhalb der *Wallfahrtskirche Birnau* führt ein kleiner Tunnel unter der B 31 hindurch zum *Oberhof* (Weinverkauf). Wir folgen dem Wanderwegweiser »Prälatenweg Salem – Birnau« und der Markierung K 3 zunächst durch den Mauracher Wald zum *Mendlishauserhof.* Hier befinden wir uns in einem wissenschaftlich-zoologischen Gebiet, leben doch am beliebten »Affenberg« in einem 20 Hektar großen Freigehege über 200 Berberaffen, die in Algerien und Marokko bis in Höhen von über 2000 Meter heimisch sind. Am Storchenweiher wurde eine große Kolonie der sonst nur noch selten zu sehenden Vögel angesiedelt. Über Aufzucht und Sinn der Unternehmungen kann der interessierte Besucher in Informationsräumen Wissenswertes erfahren.

Der Prälatenweg führt weiter am *Spitznagelhof* und *Martinsweiher* vorbei und erreicht bald *Salem.*

45 Überlingen – Deisendorf – Mendlishausen – Salem

Verkehrsmöglichkeiten Überlingen: Bahn, Bus, Schiff. Salem: Bus.

Parkmöglichkeiten Überlingen: Parkplatz Zimmerwiese, Parkhäuser.

Wegmarkierung Siehe Tourenbeschreibung.

Tourenlänge 10 km.

Wanderzeit 2½ Stunden.

Höhenunterschiede 80 m.

Wanderkarte 1:50000 Bodensee West, Kompass Nr. 1a.

Wissenswertes *Überlingen* siehe Nr. 7.

Salem siehe Nr. 44.

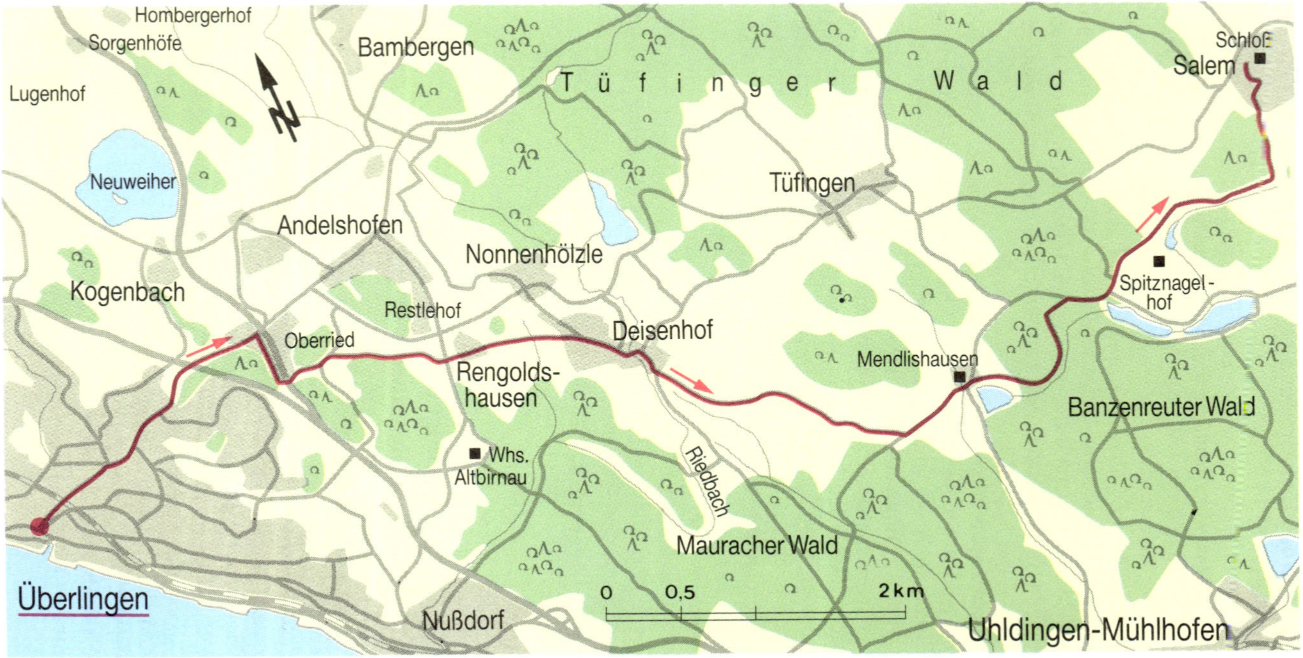
Hombergerhof
Sorgenhöfe
Lugenhof
Bambergen
Tüfinger Wald
Salem
Schloß
Neuweiher
Andelshofen
Nonnenhölzle
Tüfingen
Kogenbach
Restlehof
Oberried
Deisenhof
Rengolds-
hausen
Mendlishausen
Spitznagel-
hof
Banzenreuter Wald
Whs.
Altbirnau
Riedbach
Mauracher Wald
Überlingen
Nußdorf
0
0,5
2 km
Uhldingen-Mühlhofen

Anmerkung Diese Wanderung kann mit Nr. 44 kombiniert werden.

Tourenbeschreibung Vom Schiffslandeplatz *Überlingen* gehen wir stadtaufwärts zum *Münsterplatz* und folgen der *Krummen Bergstraße, Obertorstraße, Lippertsreuter Straße, Burgbergring* bis zum *Narzissenweg,* wo ein Waldstück beginnt. Unter einem Viadukt der B 31 hindurch führt uns der nun beginnende Waldweg nach rechts zunächst leicht ansteigend, bis mit der Markierung F ein kurzer, steiler Abstieg (zum Schluß Treppenstufen) folgt. Nun wird die L 195 überquert und immer am Waldrand entlang das *Hofgut Rengoldshausen* erreicht. Durch Felder und Wiesen, an einer Wegkapelle vorbei, kommen wir bald in *Deisendorf* an und durchqueren das Dorf ostwärts. Am Ortsausgang folgen wir links einem Landwirtschaftsweg (zur Zeit ohne Markierung), der an großen Einzelhöfen und dem Engeweiher vorbei in einer halben Stunde zum *Mendlishauser Hof* führt. Von hier auf dem *Prälatenweg* nach *Salem.*

46 Überlingen – St. Leonhard – Birnau – Nußdorf – Überlingen

Verkehrsmöglichkeiten Überlingen und Nußdorf: Bahn, Bus, Schiff.

Parkmöglichkeiten Überlingen: Parkplatz Zimmerwiese, Parkhaus.

Wegmarkierung K 6, TK 5 und Bodensee-Rundwanderweg-Zeichen.

Tourenlänge 12 km. **Wanderzeit** 3 Stunden.

Höhenunterschiede 80 m.

Wanderkarte 1:50000 Bodensee West, Kompass Nr. 1 a.

Wissenswertes *Überlingen* siehe Nr. 7.
Birnau siehe Nr. 44.

Tourenbeschreibung Ab Schiffslandeplatz in Überlingen nach etwa 300 Metern Seeuferpromenade in östliche Richtung folgende Straßen stadtaufwärts: *Schulstraße, Gerade Bergstraße,* 50 Meter *St.-Ulrich-Straße* nach rechts, *St.-Johann-Straße,* nach links in die *Schillerstraße* bis zur Abzweigung *Rauensteinstraße.* Dieser nach rechts folgen bis zum mit K 6 markierten Fußweg zum Kur- und Parkhotel *St. Leonhard.* Mit herrlicher Aussicht auf den See geht es über den Feldweg TK 5, der unter der B 31 hindurchführt. Vor Eintritt in den Wald wandern wir rechts ab, immer dem Wegweiser »Birnau« nach, überqueren die Ren-

goldshauser Straße und kommen vorbei an Tennisplätzen in den Mauracher Wald. Weiterhin den Wegweisern »Birnau« folgend, in Verbindung mit den Markierungen HW 9 und weißem B auf blauem Grund wird der Mauracher Wald erst kurz vor dem *Oberhof* im Rebgelände verlassen. Von der *Klosterkirche Birnau* geht es gemütlich auf dem Bodensee-Rundwanderweg über *Nußdorf* zurück nach *Überlingen*.

47 Überlingen – Hödingen – Kaienhof – Bonndorf – Haldenhof – Überlingen

Verkehrsmöglichkeiten Überlingen: Bahn, Bus, Schiff.
Parkmöglichkeiten Krankenhaus Überlingen.
Wegmarkierung Siehe Tourenbeschreibung.
Tourenlänge 18 km.
Wanderzeit 5 Stunden.
Höhenunterschiede 200 m.
Wanderkarte 1:50000 Bodensee Blatt Westlicher Teil, Kompass Nr. 1a.
Wissenswertes *Überlingen* siehe Nr. 7.

Schloß Spetzgart (13. Jh.) zur Schloßschule Salem gehörend.

Tourenbeschreibung In geringer Entfernung zum Krankenhaus zweigt unmittelbar nach der Überführung der B 31 unser Wanderweg nach links mit der Markierung TK 3 und Bodensee-Rundwanderweg-Zeichen ab. Neu angebrachte Wandertafeln (hier: Spetzgart – Hödingen – Haldenhof) weisen außerdem auf der gesamten Tour den Weg. Der Panoramaweg (H 1) bis Hödingen wird nur kurz vor *Spetzgart* durch eine kleine Waldschlucht unterbrochen. Ansonsten bieten sich herrliche Aussichten auf den Überlinger See und den gegenüberliegenden Bodanrück. Am Ortsausgang von *Hödingen* biegen wir links ab, wandern am Sportplatz vorbei und überqueren bei den *»drei Linden«* die L 228. Den Hohenlindenhof links liegenlassend trifft man auf die Wegtafel »Nesselwangen über Hochbühl« und die Markierung W 3. Dieser folgend geht es steil bergauf zum Hochbühl und auf der anderen Seite wieder hinunter, bis etwa 400 Meter oberhalb von Nesselwangen der Blick auf das in Feldern und Wiesen liegende Dorf frei wird. Hier führt uns der Wanderweg W 4 nach rechts und durch intakten Mischwald über den *Reutehof* zum *Kaienhof*. Nun durch das Fuchsloch hinunter nach *Bonndorf* zur alten Säge und über den Hirschweg hinauf zum *Haldenhof*, einem beliebten Ausflugslokal und Aussichtspunkt. Auch auf dem weiteren Weg, der ab Haldenhof dem Bodensee-Rundwanderweg-Zeichen folgt, verstärkt sich noch einmal der Eindruck einer aussichtsreichen Höhenwanderung. Von *Hödingen* auf dem bereits beschriebenen Panoramaweg über *Spetzgart* zum Parkplatz Krankenhaus zurück.

Eggen
Hochbühl
Lugenhof
Neuweiher
Kogenbach
Brachenreute
Reutehof
Weiherhof
Hohenlinden
Höllwangen
E 121 (B 31)
Aufkirch
Bonn-
dorf
Nesselwangen
Hödingen
Spetzgart
Zwingerburg
(Gletscher-
mühle)
Überlingen
Goldbach
Sipplinger Berg
Pumpenspeicher-
werk
Süßenm
Brünnensbach
Eisenholz
Buohof
Sipplingen
Heidenlöcher
Haldenhof Whs.
E 121 (B 31)
0
0,5
2 km

48 Überlingen – Andelshofen – Ernatsreute – Hohenbodman – Owingen – Überlingen

Verkehrsmöglichkeiten Überlingen: Bahn, Bus, Schiff.
Parkmöglichkeiten Überlingen: Parkplatz Zimmerwiese, Parkhaus.
Wegmarkierung A 1 und A 2 weiß auf blauem Grund und Wanderwegweiser.
Tourenlänge 20 km.
Wanderzeit 5 Stunden.
Höhenunterschiede 250 m.
Wanderkarte 1:50000 Bodensee Westlicher Teil, Kompass Nr. 1a.
Wissenswertes *Überlingen* siehe Nr. 7.
Tourenbeschreibung Vom Schiffslandeplatz in *Überlingen* zunächst die Stadt hinauf zum *Parkplatz Zimmerwiese.* Von hier über die *Lippertsreuter Landstraße* unter der B 31 hindurch, bis bei der L 195 ein Wegweiser nach Andelshofen zeigt. Der Ort *Andelshofen* wird nordwärts über »Am Göhren« (A 1) durchquert. Bei der Posthalde biegen wir in den *Reuteweg* ein (A 2) und kommen an den *Reutehöfen* (Reiterhof) vorbei zur Straße nach Bambergen. Diese überquert man und wandert geradeaus auf der *Schönbuchstraße* (A 2) zum Wald, der mit einem kleinen Auf- und Abstieg überwunden wird. Etwa 300 Meter nach Verlassen des Waldes geht der Wanderweg links ab über das *Hofgut Schönbuch* und weiter auf dem Verbindungssträßchen Bambergen – *Ernatsreute* zum letztgenannten Ort. In der Dorfmitte führt ein Wegweiser rechts ab über den *Hebsackhof* ins Aachtal und zum Wallfahrtsort *»Maria im Stein«.* Nun zunächst durch das Aachtal, dann den westlichen Hang aufwärts erreichen wir die *Burghöfe.* Von hier erfolgt der letzte Aufstieg zum Aussichtsturm und Dorf *Hohenbodman.* Beim Bummel durch den kleinen Ort fallen schöne Brunnen und eine uralte Linde auf. Bei dieser halten wir uns links und biegen nach etwa 300 Metern wieder links in den mit OH bezeichneten *Kirchweg* ein, der uns nach *Owingen* führt. Hier wird zunächst die Kreisstraße und nach einem Sägewerk die L 195 überquert. Dann gehen wir auf einem geteerten Landwirtschaftsweg immer in südlicher Richtung über den *Lugenhof,* die Kreisstraße Hödingen – Andelshofen hinweg zur »Alte Owinger Straße« (unter der B 31 hindurch) und durch das *»Barbelgängle«* zum *Parkplatz Zimmerwiese.*

Hohenbodman
Kapelle
Maria im Stein
Steinhöfe
Bruck-
felden
Breittobel
Kirchweg
Hebsack
Burghöfe
N
Ernatsreute
Wacken-
hausen
Urzenreute
Schönbuch
Owingen
Heffhäusle
Pfaffenhofener
Mühle
Bambergen
Sägewerk
Risthof
Hombergerhof
Otto-
mühle
Reutemühle
Reutehöfe
Sorgenhöfe
Lugenhof
Neuweiher
Andelshofen
Kogen-
bach
Schleife
Ölmühle
Aufkirch
Goldbach
0
0,5
2 km
Überlingen

Der Obersee

Zwischen Meersburg und Konstanz öffnen sich die beiden Seearme des Untersees und Überlinger Sees zum großen Obersee. Als Teil der Erdkugel ist die Wölbung der Wasseroberfläche so groß (37 Meter), daß es nicht möglich ist, von Konstanz aus Lindau oder Bregenz zu erblicken.

Seine größte Breite erreicht das »Schwäbische Meer« zwischen Friedrichshafen und Romanshorn. 14 Kilometer hat die Autofähre vom deutschen zum schweizerischen Seeufer zurückzulegen.

An den Ufern des Obersees bei Meersburg, Hagnau und Immenstaad gedeihen hervorragende Bodenseeweine. Weiter östlich überwiegt der Obstanbau. Besonders das Hinterland von Langenargen und Kressbronn ist zur Obstbaumblüte äußerst reizvoll.

49 Meersburg – Hagnau – Haltnau – Meersburg

Verkehrsmöglichkeiten Meersburg: Bus, Schiff, Autofähre Konstanz.
Parkmöglichkeiten Strandbad (kostenpflichtiger Parkplatz).
Wegmarkierung Roter Balken auf weißem Grund, HW 9 und Bodensee-Rundwanderweg-Zeichen.

Zu Tour 8, 49, 50 Fachwerkhäuser in Meersburg (Foto: Brigitte Schäfer)

Tourenlänge 5 km. **Wanderzeit** 1½ Stunden.
Höhenunterschiede 40 m.
Wanderkarte 1:50000 Bodensee West, Kompass Nr. 1a.
Wissenswertes *Meersburg* siehe Nr. 8. *Hagnau* siehe Nr. 8.
Anmerkung Der Höhenweg durch die Weinberge ist während der Lese zeitweise gesperrt.
Tourenbeschreibung Vom Parkplatz benutzen wir etwa 200 Meter die Fahrstraße in Richtung B 31 und steigen dann durch schattigen Wald über Treppenstufen nach rechts den Höhenweg (Wegweiser) hinauf. Hier folgen wir einem geteerten Feldweg mit der Markierung HW 9 und rotem Balken auf weißem Grund. Die Wanderung führt durch Rebhänge, am Ehrendenkmal Lerchenberg vorbei in östliche Richtung bis *Hagnau.*

An den sonnigen Südhängen gedeiht die blaue Spätburgundertraube, aus der gleich zwei badische Spezialitäten gewonnen werden. Einmal der rubinrote Spätburgunder Rotwein und zum anderen der Spätburgunder Weißherbst, der dadurch seine charakteristische rosé-goldene Farbe erhält, daß er ohne Beerenhaut gekeltert wird.

Der Höhenweg Meersburg – Hagnau, auf dem man weite Ausblicke über den See genießt, ist gleichzeitig Teilstück des Bodensee-Rundwanderweges. Durch das freundliche Fischer- und Winzerdorf Hagnau geht es ans Bodenseeufer und von dort in westlicher Richtung unmittelbar am See entlang wieder nach *Meersburg*. Hat man schon in Hagnau die Qual der Wahl zwischen den vielen ansprechenden Gasthöfen, so lädt kurz vor Meersburg die Weinstube »Zur Haltnau« den Wanderer zur Einkehr. Der eindrucksvolle Fachwerkbau gehört aufgrund einer legendären Schenkung seit Jahrhunderten der Spitalverwaltung Konstanz.

50 Meersburg – Baitenhausen – Riedetsweiler – Meersburg

Verkehrsmöglichkeiten Bus, Schiff, Autofähre Konstanz.
Parkmöglichkeiten Großer Parkplatz am nördlichen Ende der Stadt (gegenüber dem Gasthaus »Letzter Heller«).
Wegmarkierung Siehe Tourenbeschreibung.

Zu Tour 8, 49, 50 **Meersburg am Bodensee** (Foto: Klaus Puntschuh)

Tourenlänge 9 km. **Wanderzeit** 2½ Stunden.
Höhenunterschiede 80 m.
Wanderkarte 1:50000 Bodensee West, Kompass Nr. 1a.
Wissenswertes *Meeersburg* siehe Nr. 8.
Tourenbeschreibung Vom Parkplatz gegenüber des Gasthofes »Letzter Heller« auf der rechten Straßenseite Richtung Daisendorf und bei der Unterführung nach rechts zum Teil über Treppenstufen durch Wein- und Obstgärten hinauf zum *Parksanatorium*. An diesem rechts vorbei bis zum Waldrand und über ein Fahrsträßchen *(Am Wattenberg)* bis zum *Gärtlesberg* in *Daisendorf*. Dem Wanderwegweiser »Baitenhausen« folgend biegen wir nach etwa 200 Metern links in einen Waldweg ein und durchwandern schattige Mischwälder bis zur *Wallfahrtskapelle Baitenhausen*. Von Baitenhausen auf der L 229 bis *Riedetsweiler*, wo wir bei dem Wanderzeichen »Alter Ortsweg« grün S 1 nach rechts abbiegen. So gelangen wir zum *Neuweiher*, an dem die verschiedensten Wasservögel zu beobachten sind. Bei der Schutzhütte nach rechts und am Neuweiher entlang wieder Richtung Daisendorf kommen wir auf den Ausgangsweg zurück.

51 Rundwanderung Ahausen

Verkehrsmöglichkeiten Bahnbus Meersburg – Bermatingen – Markdorf.
Parkmöglichkeiten Rathaus Ahausen.
Wegmarkierung Grün A 1 und A 2 »Rundwanderweg Ahausen«.
Tourenlänge 10 km.
Wanderzeit 2½ Stunden.
Höhenunterschiede 30 m.
Wanderkarte 1:50000 Bodensee Westlicher Teil, Kompass Nr. 1a.
Abstecher Nach Ittendorf auf halber Wegstrecke etwa 1½ Kilometer.
Tourenbeschreibung Wir beginnen unsere Wanderung beim *Rathaus* in *Ahausen* Richtung Baitenhausen. Kurz nach der unteren Aachbrücke führt ein Asphaltsträßchen zuerst mit A 1, dann mit A 2 markiert bis zum Waldrand. Den zweiten Waldweg nach links nehmen und auf diesem immer geradeaus in südliche Richtung bis zum Waldende. Hier gehen wir scharf nach

links wieder in den Wald hinein. Nach etwa 1½ Kilometern heißt es in einer Waldlichtung zweimal nach rechts einbiegen, bis man zu einer Kreuzung gelangt, unter der munter ein Waldbach hindurchfließt. Wir folgem dem Bach nach links und kommen zu einer Weggabelung. Hier zunächst nach rechts zum Waldausgang, dann dem Feldweg zur Landstraße folgen. Auf dieser etwa 1 Kilometer Richtung Ahausen bis zu einem Feldkreuz, bei dem man rechts abbiegt und auf einem Asphaltsträßchen zur oberen Aachbrücke und durch *Ahausen* wieder zum Rathaus gelangt.

52 Rundwanderweg im Waldgebiet »Weingarten«

Verkehrsmöglichkeiten Hagnau: Bus, Schiff.
Parkmöglichkeiten Waldparkplatz Kreisstraße Hagnau – Ittendorf.
Wegmarkierung Orientierungstafel am Waldparkplatz, Wanderstrecke Nr. 2 »Schuderbu – Sandloch«.
Tourenlänge 2,7 km. **Wanderzeit** 45 Minuten.

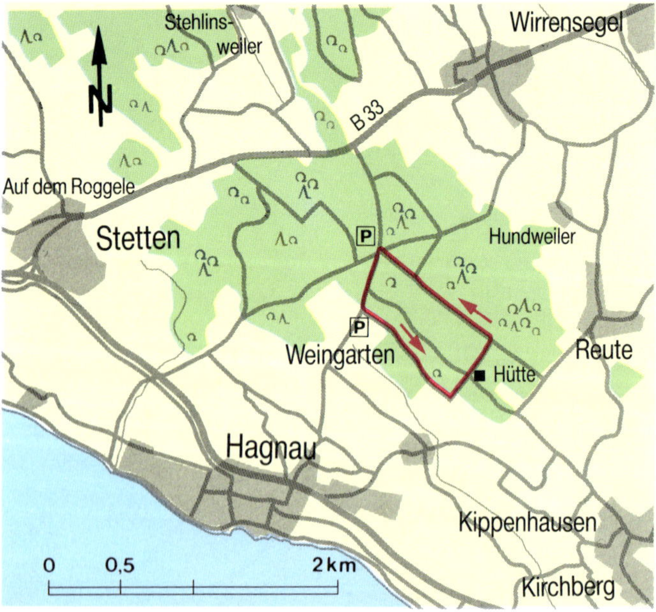

Höhenunterschiede Unbedeutend.
Wanderkarte 1:50000 Bodensee West, Kompass Nr. 1a.
Anmerkung Der Rundwanderweg kann mit Nr. 53 kombiniert werden.
Abstecher *Frenkenbach* mit spätromanischer Kirche aus der Zeit um 1000, Schlüssel im Haus Bucher gegenüber der Kirche.
Tourenbeschreibung Vom ersten Wanderparkplatz an der Kreisstraße Hagnau – Ittendorf geht es zunächst 400 Meter am Waldrand entlang. Bevor der Weg links hinaufführt, erblickt man die alte Kirche von Frenkenbach. Durch Laubwald bis zu einer Schutzhütte und von hier noch 400 Meter weiter geradeaus, dann den linken Weg nehmen. So gelangt man zum zweiten Wanderparkplatz im Gebiet »Weingarten«, geht jedoch vor der Kreisstraße links entlang dieser zum Ausgangspunkt zurück.

53 Rundwanderweg im Waldgebiet »Weingarten«

Verkehrsmöglichkeiten Hagnau: Bus, Schiff.
Parkmöglichkeiten Waldparkplatz Straße Hagnau – Ittendorf.

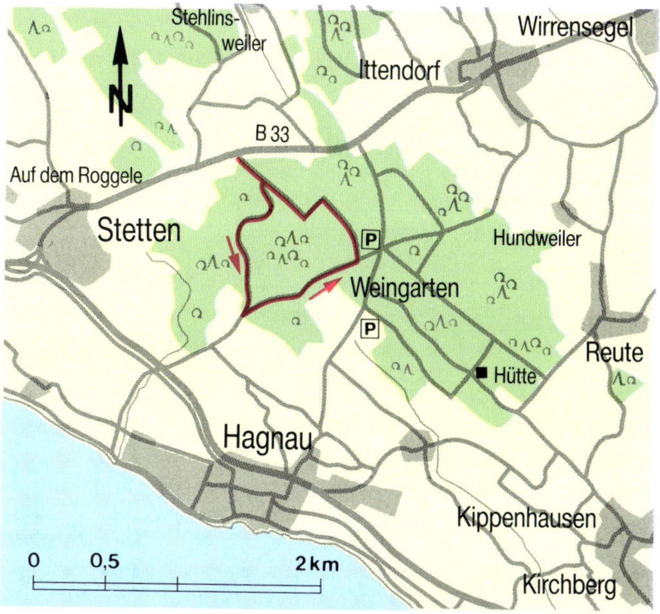

Wegmarkierung Orientierungstafel am Waldparkplatz, Wanderstrecke Nr. 5 »Spitalrain – Bühro«.
Tourenlänge 3,3 km.
Wanderzeit 45 Minuten.
Höhenunterschiede Keine.
Wanderkarte 1:50000 Bodensee West, Kompass Nr. 1a.
Anmerkung Der Rundwanderweg kann mit Nr. 52 kombiniert werden.
Tourenbeschreibung Beginn der Wanderung beim zweiten Waldparkplatz »Schottenbohl« an der Kreisstraße Hagnau – Ittendorf. Zunächst links auf schmalem Fußweg bis nach etwa 200 Metern rechts ein fester Waldweg folgt. Auf diesem, mit grüner 5 markiert, zur großen Eiche an einer Wegzweigung. Hier nach links und etwa 1 Kilometer danach erneut links in den Wanderweg Hagnau – Ittendorf einmünden. Der Weg mit Markierung weißer Punkt führt zum Ausgangspunkt zurück.

54 Hagnau – Frenkenbach – Reute – Bürgberg – Markdorf

Verkehrsmöglichkeiten Bus von Markdorf über Meersburg nach Hagnau.
Parkmöglichkeiten Mehrere bezeichnete Parkplätze am Ortsrand.
Wegmarkierung Radwegweiser, teilweise Tiermarkierung (Fuchs), ab Breitenried blauer Balken auf weißem Grund.
Tourenlänge 8 km.
Wanderzeit 2 Stunden.
Höhenunterschiede Unwesentlich.
Wanderkarte 1:50000 Bodensee Westlicher Teil, Kompass Nr. 1a.
Wissenswertes *Hagnau* siehe Nr. 8.
Markdorf Am Fuß des Gehrenbergs (754 m mit Aussichtsturm) gelegen. Von der Stadtwehr sind noch Unter- und Obertor sowie der Hexenturm erhalten. Gotische Pfarrkirche St. Nikolaus. Bischöfliches Schloß, von 1414 bis 1803 auch Sommerresidenz der Konstanzer Bischöfe.
Tourenbeschreibung Unser Wanderweg führt vom Gasthaus Mohren in östliche Richtung 200 Meter entlang der B 31, dann nach links am Friedhof vorbei und durch Obstplantagen nach *Frenkenbach*. Weiter auf einem Wirtschaftsweg, bis man bei einem Kreuz nach links Richtung Ittendorf zur kleinen Ortschaft

0
0,5
2 km
Markdorf
Wangen
Bergheim
Riedheim
N
Stüblehof
Lipbach
Baindter
Bürgberg
Kreuzäcker
Wald
Wirrensegel
Ziegelei
H u b
Ittendorf
Reute
Weingarten
Immenstaad
am Bodensee
Kippenhausen
E 121
B 33
Bad
Kippenhorn
Bad
Hagnau

Reute wandert. Hier folgen wir rechts der Radwegmarkierung Richtung Kluftern. Nach Durchquerung eines Waldstückes kommen wir zu den Häusern und Bauernhöfen von *Leihwiesen.* Hier halten wir uns rechts auf dem Wanderweg, gehen am Waldrand entlang (Radwanderzeichen und Tiermarkierung Fuchs) und gelangen so ins Breitenried. Man bleibt auf dem Radwanderweg bis zur Markierung *»Markdorf«*. Die Stadt am Fuß des Hausberges Gehrenberg wird durch Obstplantagen über *Bürgberg* und *Stüblehof* erreicht.

55 Immenstaad – Breitenried – Bürgberg – Markdorf

Verkehrsmöglichkeiten Bus.
Parkmöglichkeiten Parkplätze (P 1 bis P 3 in Immenstaad).
Wegmarkierung Radwegweiser, teilweise Tiermarkierungen (Reh, Fuchs), blauer Balken auf weißem Grund.
Tourenlänge 8 km. **Wanderzeit** 2 Stunden.

Zu Tour 54, 55, 57, 58, 59 **Markdorf** mit Blick über Ochsenplatz zum Schloß, Kirche und Untertor (Foto: Stadtverwaltung Markdorf)

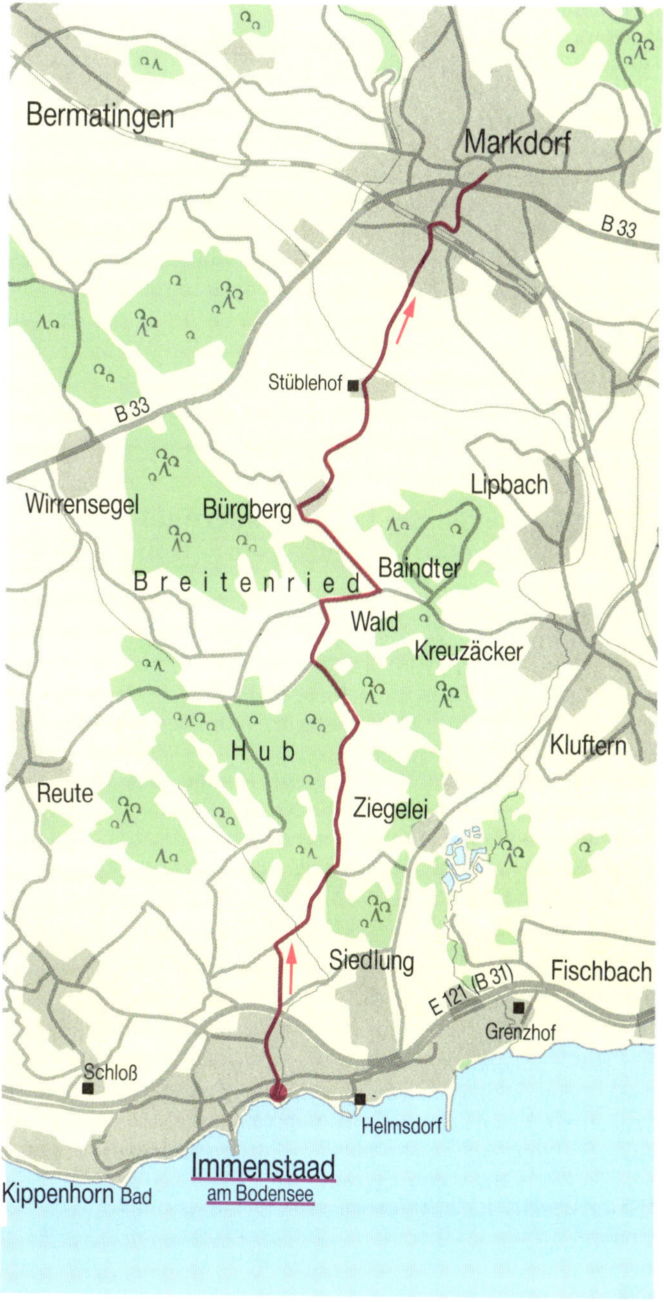
Bermatingen
Markdorf
B 33
Stüblehof
B 33
Lipbach
Wirrensegel
Bürgberg
Baindter
Breitenried
Wald
Kreuzäcker
Hub
Kluftern
Reute
Ziegelei
Siedlung
Fischbach
E 121 (B 31)
Grenzhof
Schloß
Helmsdorf
Immenstaad
am Bodensee
Kippenhorn Bad

Höhenunterschiede Unwesentlich.
Wanderkarten 1:50000 Bodensee Westlicher Teil Kompass Nr. 1a. 1:50000 Topographische Karte L 8322 Landesvermessungsamt Baden-Württemberg.
Wissenswertes *Immenstaad* siehe Nr. 8.
Markdorf siehe Nr. 54.
Tourenbeschreibung Nach der Überführung der B 31 erkennen wir geradeaus den Wanderwegweiser »Immenstaad – Bremgärtle – Hub – Breitenried«. Diesem und der Tiermarkierung Fuchs folgen wir durch Obstanlagen bis zum *Bremgärtle* beim Eintritt in den Wald *(Hub)*. Hier wenden wir uns nach links und befinden uns beim Austritt aus dem Wald im *Breitenried* mit seinen ausgedehnten Getreidefeldern. Der Weiterweg verläuft über *Bürgberg* und *Stüblehof* wie in Tour Nr. 54 beschrieben bis nach *Markdorf*.

56 Immenstaad – Baindtnerwald – Reute – Kippenhausen – Immenstaad

Verkehrsmöglichkeiten Bus, Schiff.
Parkmöglichkeiten Diverse Parkplätze (P 1 bis P 3) in Immenstaad mit Wegweisern zu den Wanderwegen.
Wegmarkierung Fuchs auf gelbem Grund.
Tourenlänge 12 km. **Wanderzeit** 3 Stunden.
Höhenunterschiede Unbedeutend.
Wanderkarte 1:50000 Bodensee Ost, Kompass Nr. 1b.
Wissenswertes *Immenstaad* siehe Nr. 8.
Tourenbeschreibung Nach Überquerung der B 31-Ost beginnt unser Wanderweg mit Markierung »Fuchs«. Diesem Zeichen folgend geht es oberhalb am Sportzentrum vorbei und in den *Baindtnerwald*. Am Waldausgang blickt man auf die Ebene *Breitenried* (ehemals bedeutende Heuwiesen) und wandert auf dem Asphaltsträßchen in einem großen Bogen nach links in den *Wald »Hub«*. Immer der Markierung »Fuchs« folgend geht es zunächst im Wald, dann im freien Gelände zum Weiler *Reute*. Auf der Landstraße Ittendorf – Kippenhausen 100 Meter links, dann rechts abbiegend zum *Staatsforst »Weingarten«*. Links erkennt man den Kirchturm von Kippenhausen und wandert in diese Richtung weiter. Das letzte Stück bis *Kippenhausen* gehen wir auf der Fahrstraße, durchqueren den Ort und folgen den Hinweisschildern nach *Immenstaad* immer parallel zur Kreisstraße.

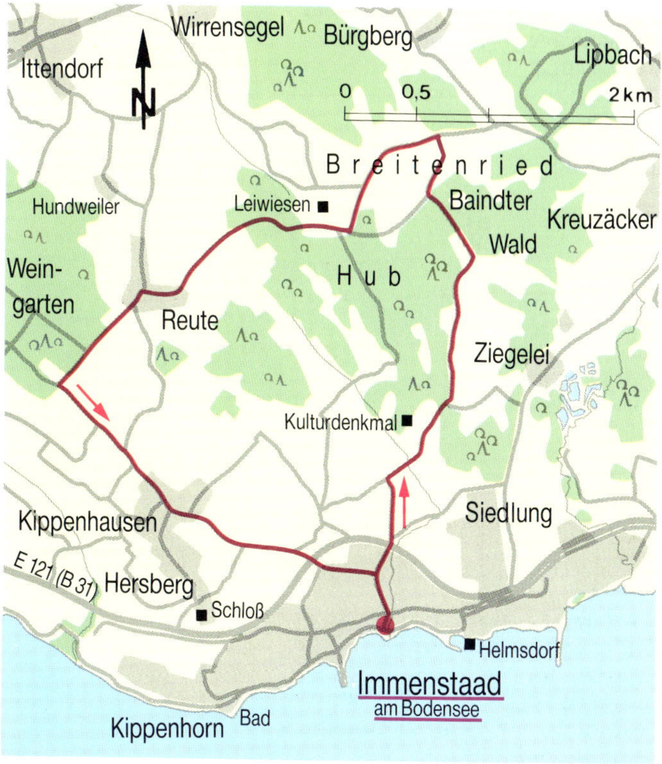

57 Friedrichshafen – Schnetzenhausen – Bergheim – Markdorf

Verkehrsmöglichkeiten Bus Markdorf – Friedrichshafen.
Parkmöglichkeiten Mehrere Parkplätze im Stadtgebiet.
Wegmarkierung HW 7 (roter Balken).
Tourenlänge 11 km. **Wanderzeit** 3 Stunden.
Höhenunterschiede 20 m.
Wanderkarte 1:50000 Bodensee Ost, Kompass Nr. 1b.
Wissenswertes *Friedrichshafen* siehe Nr. 9.
Markdorf siehe Nr. 54.
Tourenbeschreibung Wir überqueren zunächst die B 31, biegen später beim Friedhof links ab und erreichen so bald *Wind-*

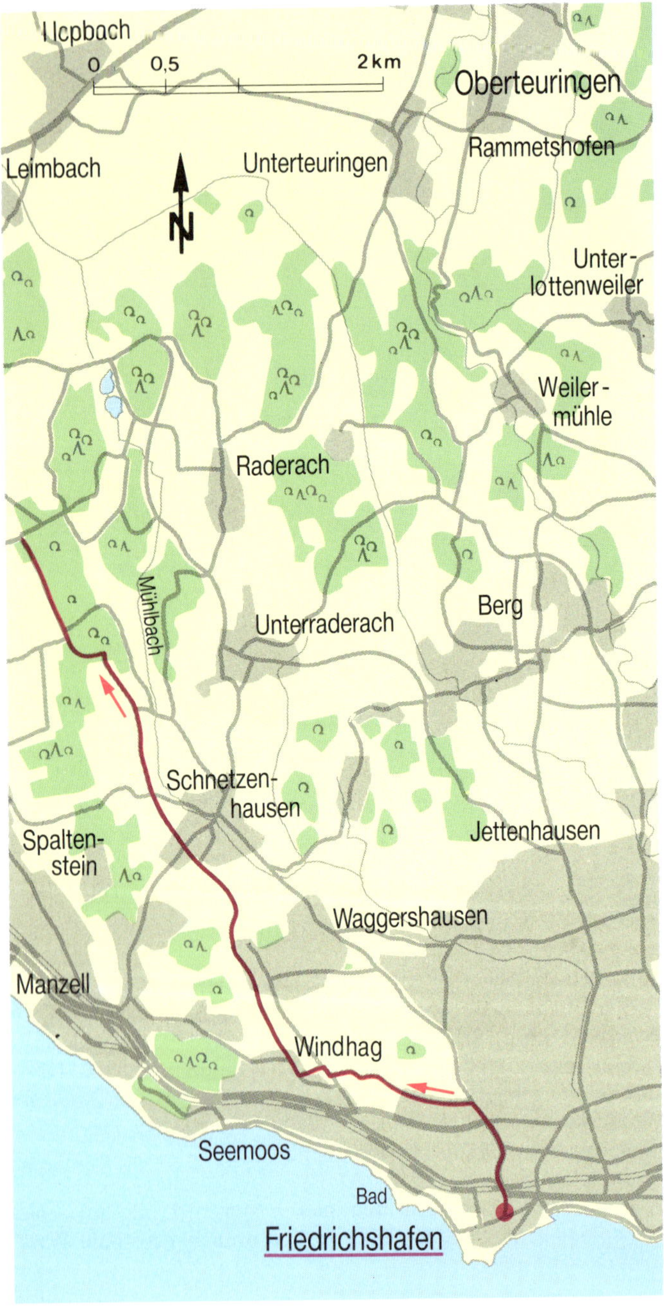

Ilcpbach
0
0,5
2 km
Oberteuringen
Rammetshofen
Leimbach
Unterteuringen
N
Unter-
lottenweiler
Weiler-
mühle
Raderach
Mühlbach
Berg
Unterraderach
Schnetzen-
hausen
Spalten-
stein
Jettenhausen
Waggershausen
Manzell
Windhag
Seemoos
Bad
Friedrichshafen

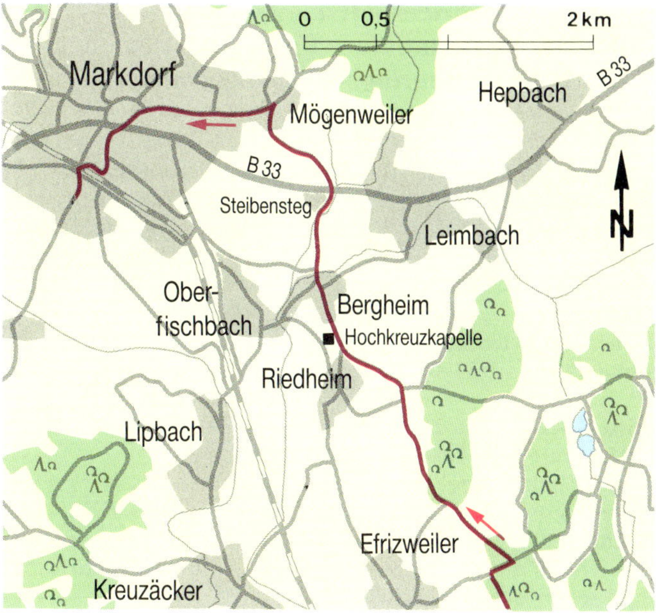

hag. Weiter der Markierung des Schwäbischen Albvereins (HW 7 roter Balken) folgend, kommen wir nach *Schnetzenhausen*. Hier wird die Hauptstraße überquert. Zunächst parallel zu einer kleinen Fahrstraße, später abwechslungsreich einmal am Waldrand entlang, dann wieder über freies Feld und durch Obstanlagen stoßen wir auf die Kreisstraße. Hier öffnet sich der Blick auf den Gehrenberg mit seinem Aussichtsturm. Ferner sehen wir rechts vor uns den bereits zu Markdorf gehörenden Ortsteil Leimbach und auf der linken Seite die *Hochkreuz-Kapelle,* zu der wir weiterwandern. Bald danach ist *Bergheim* erreicht. An der Kirche sowie am Campingplatz vorbei kommen wir nach *Steibensteg*. Dort überqueren wir die B 33, wandern weiter nach *Möggenweiler* und von dort links ab nach *Markdorf*.

58 Friedrichshafen – Zeppelindorf – Weilermühle – Rammetshofen – Oberteuringen – Gangenweiler – Gnadenau – Markdorf

Verkehrsmöglichkeiten Bus Markdorf – Friedrichshafen.
Parkmöglichkeiten Mehrere Parkplätze im Stadtgebiet.
Wegmarkierung Blaues Kreuz, ab Gnadenau »Gehrenberg 1 und 2«.
Tourenlänge 13 km.
Wanderzeit 3½ Stunden.
Höhenunterschiede 200 m.
Wanderkarte 1:50000 Bodensee Östlicher Teil, Kompass Nr. 1b.
Wissenswertes *Friedrichshafen* siehe Nr. 9.
Markdorf siehe Nr. 54.
Tourenbeschreibung Vom Ausgangspunkt *Friedrichshafen-Zeppelindorf* folgen wir der Wegmarkierung »blaues Kreuz« und gelangen durch ein kleines Waldstück bald nach *Jettenhausen.* Danach auf einem Landwirtschaftsweg bis *Berg,* dessen Kirchturm schon lange vorher sichtbar ist.

Weiter geht es über *Reinach* mit Mühle und Hofgebäuden und im Gebiet der Rotach über *Weilermühle* und *Rammetshofen*

Zu Tour 9, 10, 57, 58 **Friedrichshafen** (Foto: Bildarchiv Bodensee, J. Flachs)

Hepbach
0
0,5
2 km
Ober-
teuringen
Rotach
Rammetshofen
Leimbach
Unterteuringen
N
Unter-
lottenweiler
Weiler-
mühle
Raderach
Rotach
Berg
Unterraderach
Schnetzen-
hausen
Spalten-
stein
Jettenhausen
Waggershausen
Manzell
Windhag
Seemoos
Bad
Friedrichshafen

N
0
0,5
2 km
P
Gangenweiler
Hefigkofen
Neuhaus
Bitzenhofen
Gnadenau
Hütte
Gehrenberg
Rotach
B 33
Stadel
Brand-
holz
Oberteuringen
Markdorf
Mögenweiler
Rammetshofen
Hepbach
Leimbach
B 33
Steibensteg
Unterteuringen
Brunnisach
Bergheim

nach *Oberteuringen*. In dem schönen Dorf halten wir uns links der Kirche und überqueren die Rotach. Immer dem blauen Kreuz folgend erreicht man *Bitzenhofen*.

Nun steigt der Weg leicht an bis *Gnadenau*. Wir haben hier den Gehrenberg-Rundweg 1 und 2 erreicht. Dieser Markierung folgend gelangen wir über *Möggenweiler* nach *Markdorf*.

59 Markdorf – Möggenweiler – Gnadenau – Harresheim – Aussichtsturm Gehrenberg – Möggenweiler

Verkehrsmöglichkeiten Bus Markdorf – Friedrichshafen, Bus Markdorf – Meersburg, Fähre Meersburg – Konstanz.
Parkmöglichkeiten Waldparkplatz Vogelsang in Möggenweiler.

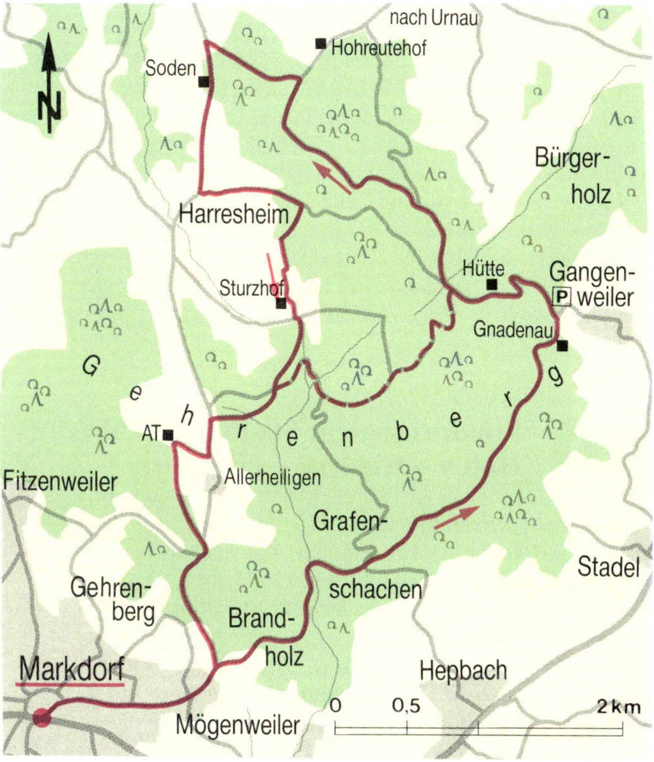

Wegmarkierung Gehrenberg 1 und 2.
Tourenlänge 13½ km bzw. 9½ km.
Wanderzeit 3 bis 4 Stunden.
Höhenunterschiede 200 m.
Wanderkarte 1:50000 Bodensee Ost, Kompass Nr. 1b.
Abkürzung Die Wanderung kann, wenn man der Markierung Gehrenberg 2 folgt, auf 9½ Kilometer verkürzt werden.
Wissenswertes *Markdorf* siehe Nr. 54.

Gehrenberg Bis 754 Meter hoher mächtiger Rücken aus Oberer Süßwassermolasse. Größtenteils mit Mischwald bedeckt. Aussichtsturm.

Tourenbeschreibung Wir beginnen unsere Wanderung beim *Waldparkplatz Vogelsang* in *Möggenweiler* und folgen zunächst den markierten Gehrenberg-Rundwanderwegen Nr. 1 und 2 zur *Gnadenau.* Etwa 1 Kilometer danach trennen sich die Wanderwege Nr. 1 und 2. Wir folgen der Nr. 1 und gehen bei einer Blockhütte weiter in Richtung Hohreute – Hof, dann links zum Waldrand mit Blick ins Deggenhauser Tal und zum Höchsten. Ein kurzes Stück auf der Kreisstraße nach links Richtung Harresheim und beim Schild *»Hammerhof«* links hinauf am Wasserbehälter vorbei. Beim Waldeintritt halten wir uns rechts und wandern geradeaus durch Fichtenwald, bis wir auf den breiten, markierten Hauptwanderweg stoßen. Den Sturzhof lassen wir rechts liegen und kommen auf dem Wanderweg, der wieder mit Gehrenberg 1 und mit zusätzlichen Hinweisschildern versehen ist, zum *Aussichtspunkt Gehrenberg.* Kurz vor diesem Punkt vereinigen sich die Wege Nr. 1 und 2 wieder. Ein gut angelegter Fußweg führt ab Aussichtsturm hinunter über *Schweppenen* zum Ausgangspunkt in *Möggenweiler.*

60 Friedrichshafen: Stadtteil Fischbach – Hofen – Riedern – Fischbach

Verkehrsmöglichkeiten Bahn, Bus.
Parkmöglichkeiten Kath. Pfarrkirche Fischbach.
Wegmarkierung Weißes T auf blauem Grund.
Tourenlänge 8 km. **Wanderzeit** 2½ Stunden.
Höhenunterschiede 50 m.
Wanderkarte 1:50000 Bodensee Ost, Kompass Nr. 1b.
Tourenbeschreibung Die gesamte Rundtour ist mit weißem T auf blauem Grund gut markiert. Am Flüßchen Brunnisach entlang geht es zum *Hof Hofen* und zur *Eichenmühle.* Die Bahn-

linie wird überquert, dann immer leicht bergauf an einer Wallfahrtskapelle vorbei zur Aussichtshöhe von *Riedern*. Der Markierung weiter folgend gelangen wir nach *Efrizweiler.* Wir biegen nach rechts in die *Riedheimer Straße* und nehmen nach weiteren 250 Metern nach links den Weg *»Im Winkel«*, der uns in die *Kluftener Straße* führt. Am *Bahnhof in Kluftern* wandern wir nach rechts in den *Blütenweg* und wieder zum *Hof Hofen*. Am Brunnisach entlang zum Ausgangspunkt zurück.

61 Friedrichshafen: Stadtteil Efrizweiler – Raderach – Efrizweiler

Verkehrsmöglichkeiten Bus Friedrichshafen – Efrizweiler.
Parkmöglichkeiten Im Ort Efrizweiler.
Wegmarkierung Blaue 4 auf weißem Grund.
Tourenlänge 9 km.
Wanderzeit 3 Stunden.
Höhenunterschiede 70 m.
Wanderkarte 1:50000 Bodensee Östlicher Teil, Kompass Nr. 1b.
Tourenbeschreibung Der gesamte Wanderweg ist durchgehend ausreichend mit blauer 4 auf weißem Grund markiert. Er führt ab *Efrizweiler* abwechslungsreich durch Obstwiesen, kleine Waldstücke und an Waldrändern entlang.

62 Ailingen – Martinshof – Unterlottenweiler – Ailingen

Verkehrsmöglichkeiten Bus Friedrichshafen – Ailingen.
Parkmöglichkeiten Rathausplatz Ailingen.
Wegmarkierung Weiße 2 in rotem Punkt.
Tourenlänge 8 km.
Wanderzeit 2½ Stunden.
Höhenunterschiede 80 m.
Wanderkarte 1:50000 Bodensee Östlicher Teil, Kompass Nr. 1b.
Wissenswertes *Ailingen* ist Stadtteil von Friedrichshafen und wird als Erholungsort gern besucht.
Tourenbeschreibung Vom Rathausplatz *Ailingen* führt der Weg hinauf zur Haldenbergkapelle in aussichtsreicher Lage. Weiter in nördlicher Richtung kommen wir zum *Höhlerhof,* nehmen hier die nächste Abzweigung nach links und biegen nach dem ersten Obstfeld nach rechts in einen Wiesenweg, der uns zu einem Fahrsträßchen führt. Auf diesem bis zum Schild »Waldspielplatz Horach« und hinauf zum gleichnamigen Aussichtspunkt.

Nach genußvoller Rast setzen wir unsere Rundtour fort, kommen zu einem Wanderparkplatz, überqueren hier die Landstraße und erreichen über den *Martinshof Unterlottenweiler.* Auf bequemem Weg geht es über *Weilermühle* zurück nach *Ailingen.*

63 Eriskirch – Seewald – Oberbaumgarten Kau – Tettnang

Verkehrsmöglichkeiten Bus Tettnang – Friedrichshafen, Bahn, Bus Friedrichshafen – Eriskirch.
Parkmöglichkeiten Beim Strandbad in Eriskirch.
Wegmarkierung Bodensee-Rundwanderwegzeichen, HW 4 roter Balken auf weißem Grund.
Tourenlänge 11 km.
Wanderzeit 3 Stunden.
Höhenunterschiede 65 m.
Wanderkarte 1:50000 Bodensee Östlicher Teil, Kompass Nr. 1b.
Wissenswertes *Eriskircher Ried* Naturschutzgebiet mit seltenen Vogelarten und Pflanzen, u.a. der Sibirischen Schwertlilie.

Tettnang Neues Schloß und Montfortmuseum erinnern daran, daß das romantische Städtchen einst Residenz der Grafen von Montfort war. Das alte Schloß ist heute Rathaus. Gegenüber die St. Georg Kapelle. In der Umgebung von Tettnang bedeutende Hopfen-Anbaugebiete, ebenso Spargel und Obst.
Tourenbeschreibung Das erste Wegstück verläuft auf dem Bodensee-Rundwanderweg. Nach dem Eriskircher Ried zweigt ein mit HW 4 und rotem Balken auf weißem Grund markierter Wanderweg rechts ab. Wir unterqueren die Bundesstraße und

Zu Tour 63, 64 **Neues Schloß in Tettnang**
(Foto: Stadtverwaltung Tettnang/Foto Hütter)

Friedrichshafen
St. Georgen
Ober-
baumgarten
Sassen
Schussen
Schuppenwies
Kau
Pfingstweid
Tettnang
0
0,5
2 km
Dillmanns-
hof
Unter-
Bürger-
moos
Ried
Braitenrain
Wolfzennen
Schussen
E 121 (B 31)
Natur-
schutz-
gebiet
Hagenbuchen
Schussenreute
Ziegelhaus
Reutenen
Tettnanger
Wald
Mariabrunn
Eriskirch
Schlatt

erreichen durch den Seewald *Oberbaumgarten*. Bald danach wird die Schussen über eine holzgedeckte Brücke überquert. Ein Wiesenweg führt in den Wald, hinunter zur Schussen, dann zur Kreisstraße, der wir etwa 100 Meter nach links folgen. Beim ersten Hof zweigen wir rechts ab, und bei *Schuppenwies* halten wir uns links. Dabei verlassen wir die Markierung HW 4.

Durch Obstgärten nach *Kau*. Am Ortsausgang stoßen wir wieder auf den gut markierten Fernwanderweg HW 4. Dieser führt uns direkt zum Neuen Schloß in *Tettnang*.

Zu Tour 9, 60 **Fischbach,** Luftbild (Foto: Tourist-Information Friedrichshafen, freigegeben durch Reg.-Präsidium Südbayern/Luftbild Thorbecke Li.)

Wanderfluß Argen

Die Obere Argen entspringt in einem Hochmoor bei Oberstaufen. Sie vereinigt sich bei Pflegelberg mit der Unteren Argen zur Argen und hat hier schon eine beachtliche Strömung. Viele Kajakfahrer schätzen das Wildwasser und erleben zwischen dem Zusammenfluß und Laimnau den interessantesten Streckenabschnitt mit einer Länge von 12 Kilometern.

Für die Wanderer zu Lande ist die schöne Argenlandschaft reizvoll bis zur Mündung bei Langenargen in den Bodensee.

Eine Sehenswürdigkeit besonderer Art ist die Argenhängebrücke. Sie wurde 1896 bis 1898 erbaut und ist die älteste erhaltene Hängebrücke in Deutschland.

64 Langenargen – Argenweg – Gießenbrücke – Tettnang

Verkehrsmöglichkeiten Bus Tettnang – Friedrichshafen. Bahn, Bus, Schiff Friedrichshafen – Langenargen.
Parkmöglichkeiten Seeparkplatz oder bei der Kirche in Langenargen.
Wegmarkierung Bodensee-Rundwanderwegzeichen, blauer Balken, HW 9.
Tourenlänge 12 km. **Wanderzeit** 3 Stunden.

Zu Tour 64, 65, 66, 67, 72 **An den Argen** (Foto: Verkehrsamt Langenargen)

Höhenunterschiede 70 m.
Wanderkarte 1:50000 Bodensee Ost, Kompass Nr. 1b.
Wissenswertes *Langenargen* siehe Nr. 10.
Tettnang siehe Nr. 63. Gotische St.-Anna-Kapelle, 16. Jahrhundert.
Tourenbeschreibung Von den Seeuferanlagen zunächst auf dem Bodensee-Rundwanderweg bis zur Argen. Dort halten wir uns links und wandern immer dem blauen Balken folgend an der Argen entlang zur *Gießenbrücke*. Hier links leicht ansteigend wird der *Tettnanger Wald* erreicht. Wir durchqueren diesen auf breitem Waldweg. Bei einer Weggabelung stößt unser immer noch mit blauem Balken markierter Weg auf den Heuberg-Allgäu-Weg HW 9 und roter Balken. Diesem folgend kommen wir durch ein neues Wohngebiet und an der *St. Anna-Kapelle* vorbei zum Neuen Schloß in *Tettnang*.

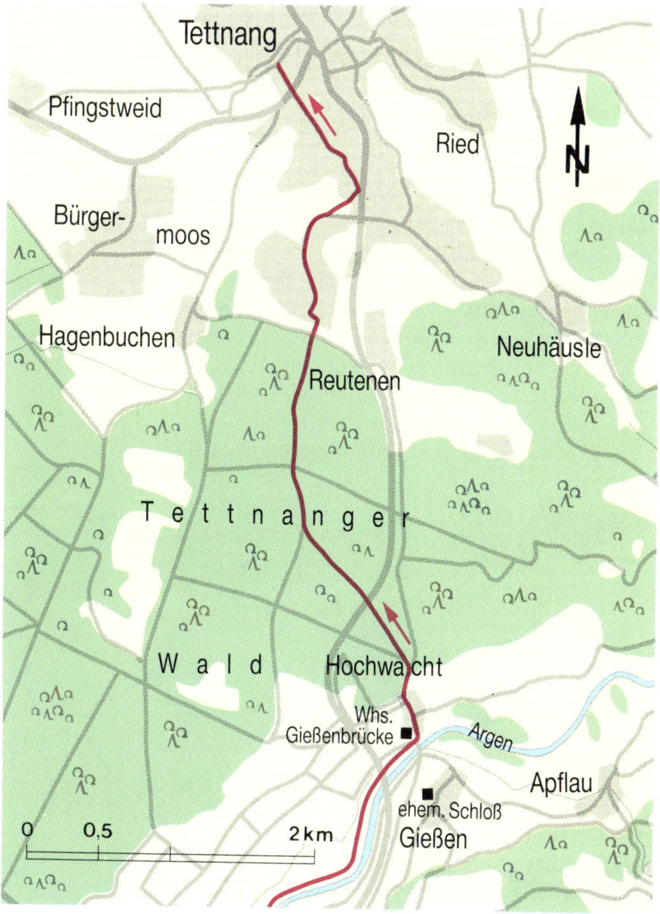

Tettnang
Pfingstweid
Ried
N
Bürger-
moos
Hagenbuchen
Neuhäusle
Reutenen
Tettnanger
Wald
Hochwacht
Whs.
Gießenbrücke
Argen
Apflau
ehem. Schloß
Gießen
0
0,5
2 km

65 Langenargen – Malerecke – Argental – Oberdorf – Langenargen

Verkehrsmöglichkeiten Bahn, Schiff, Bus ab Oberdorf.
Parkmöglichkeiten Seeparkplatz, Kirche.
Wegmarkierung Rot 32.
Tourenlänge 10 km. **Wanderzeit** 2½ Stunden.
Höhenunterschiede Keine.
Wanderkarte 1:50000 Bodensee Ost, Kompass Nr. 1b.
Wissenswertes *Langenargen* siehe Nr. 10.
Tourenbeschreibung Vom Parkplatz ist der Wanderweg bis zur Kabelhängebrücke identisch mit Markierung Rot 31. Unmittelbar hinter der Brücke geht es nun am Argenufer entlang, später über die B 31, bis wir die Höhe von *Oberdorf* erreicht haben. Hier biegen wir links ab zur Ortsmitte. Von dort wieder nach links geht es durch Obstgärten zurück nach *Langenargen*.

66 Langenargen – Oberdorf – Langenargen

Verkehrsmöglichkeiten Bahn, Schiff, Bus ab Oberdorf.
Parkmöglichkeiten Seeparkplatz, Kirche.
Wegmarkierung Rot 35 und Rot 32.
Tourenlänge 13 km.
Wanderzeit 3½ Stunden.
Höhenunterschiede Keine.
Wanderkarte 1:50000 Bodensee Ost, Kompass Nr. 1b.
Anmerkung Besonders schön zur Baumblüte und Obsternte.
Wissenswertes *Langenargen* siehe Nr. 10.
Oberdorf Bauerndorf mit großen Obst- und Hopfengärten.
Tourenbeschreibung Vom Hafengelände über die *Untere Seestraße*, am *Schloß Montfort* vorbei und weiter auf der *Friedrichshafener Straße*. Etwa 100 Meter nach dem Bahnübergang kom-

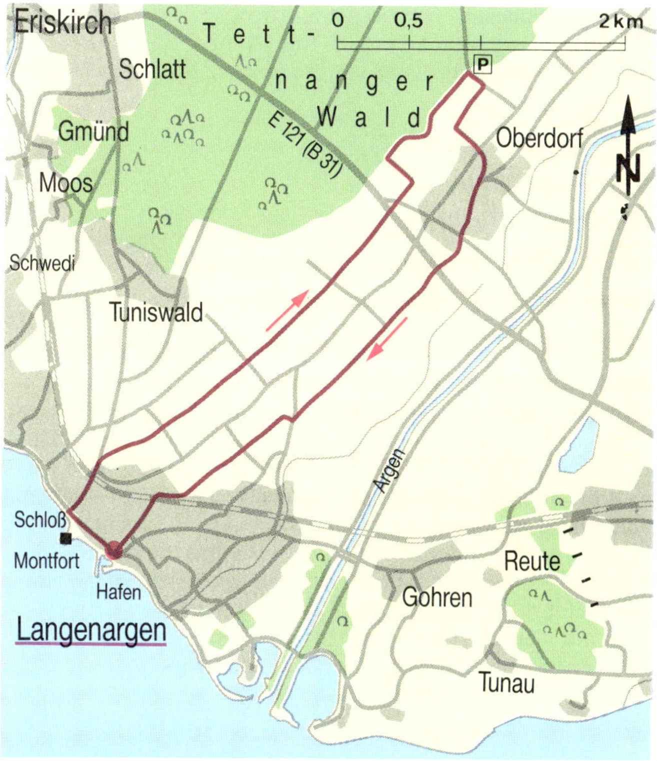

men wir nach rechts in das Obstanbaugebiet. Immer geradeaus durch die Obstplantagen, bis kurz vor Oberdorf die B 31 unterquert wird. Nach weiteren 150 Metern in der vorherigen Richtung geht es links ab zum Tettnanger Wald. Die Wanderung führt rechts am Waldrand entlang bis zur Fahrstraße. Wir halten uns zweimal rechts und gehen durch die Ortsmitte von *Oberdorf.* Am Ortsende folgt man dem kombinierten Rad- und Wanderweg (Rot 32) wieder durch Obstgärten zurück nach *Langenargen.*

67 Langenargen – Argental – Oberdorf – Langenargen

Verkehrsmöglichkeiten Langenargen: Bahn, Schiff. Oberdorf: Bus.
Parkmöglichkeiten Seeparkplatz, Kirche.
Wegmarkierung Bis Oberdorf Rot 31 bzw. 32, ab Oberdorf Rot 36, außerdem bis Gießenbrücke blauer Balken auf weißem Grund.
Tourenlänge 14 bzw. 10 km.
Wanderzeit 3½ bzw. 2½ Stunden.
Höhenunterschiede Keine.
Wanderkarte 1:50000 Bodensee Ost, Kompass Nr. 1b.
Anmerkung Die Wanderung kann durch eine Querverbindung auf der Höhe von Oberdorf abgekürzt werden.
Wissenswertes *Langenargen* siehe Nr. 10.

Gießen Wasserschloß aus dem 12. Jahrhundert, Zollhaus 18. Jahrhundert, frühere Zollstation zwischen Lindau und Tettnang (heute Gasthaus).

Tourenbeschreibung In *Langenargen* zunächst am Seeufer entlang bis zur Argenmündung. Weiter durch die schöne Uferlandschaft flußaufwärts. Bei der Abzweigung nach Oberdorf kann man die Tour verkürzen; die vollständige Wanderung führt mit Markierung Rot 36 bis zur *Gießenbrücke.* Hier geht es beim *Zollhaus* vorbei, die nächste Straße nach links und unmittelbar nach der Straßenunterführung links ab in einen Wirtschaftsweg. Dieser führt durch Obstfelder direkt nach *Oberdorf.* Der Ort wird auf der Dorfstraße durchquert. Am Ortsende auf dem Radweg kerzengerade nach *Langenargen* zurück.

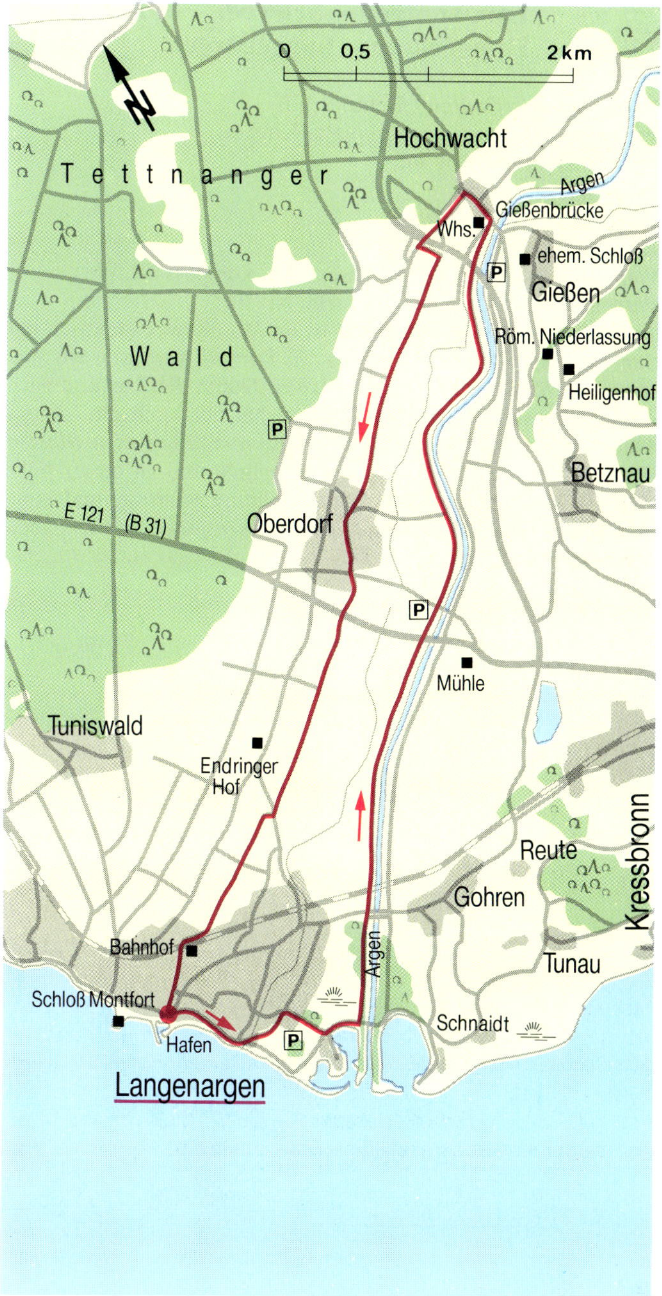
0
0,5
2 km
N
Hochwacht
Tettnanger
Wald
Argen
Gießenbrücke
Whs.
ehem. Schloß
P
Gießen
Röm. Niederlassung
Heiligenhof
Betznau
E 121
(B 31)
Oberdorf
P
Mühle
Tuniswald
Endringer
Hof
Kressbronn
Reute
Gohren
Bahnhof
Argen
Tunau
Schloß Montfort
Schnaidt
Hafen
P
Langenargen

68 Langenargen – Schwedi – Moos – Hungerberg – Langenargen

Verkehrsmöglichkeiten Bahn, Schiff.
Parkmöglichkeiten Seeparkplatz, Kirche.
Wegmarkierung Rot 34.
Tourenlänge 6 km.
Wanderzeit 1½ Stunden.
Höhenunterschiede Keine.
Wanderkarte 1:50000 Bodensee Ost, Kompass Nr. 1b.
Wissenswertes *Langenargen* siehe Nr. 10.
Tourenbeschreibung Zunächst ist der Wanderweg identisch mit dem Bodensee-Rundwanderweg. In *Schwedi* verlassen wir den seenahen Wanderweg Richtung *Moos*. Durch den Ort und nach der Bildungsstätte Theresienheim rechts ab durch ein kleines Waldstück zu den Häusern von *Hungerberg*. Auf dem *Mooser Weg* geht es rechts hinunter zur Bahnlinie und an dieser links entlang. Wir benutzen die nächste Bahnunterführung und kommen durch das Wohngebiet *»Am Rosenstock«* wieder nach *Langenargen* zurück.

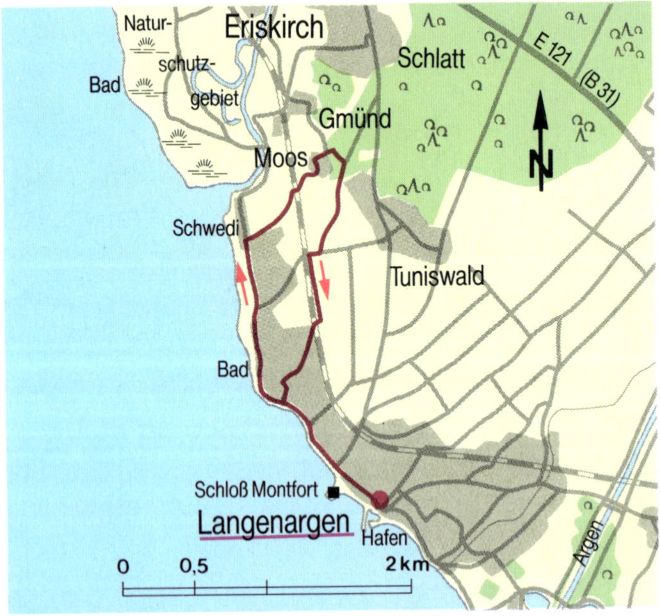

69 Drei-Seen-Wanderung: Kressbronn – Betznau – Unterwolfertsweiler – Wettis – Nitzenweiler – Kressbronn

Verkehrsmöglichkeiten Bahn, Bus, Schiff.
Parkmöglichkeiten Parkplatz Festhalle.
Wegmarkierung Siehe Tourenbeschreibung.
Tourenlänge 22 km.
Wanderzeit 5½ Stunden.
Höhenunterschiede 140 m.
Wanderkarte 1:50000 Bodensee Ost, Kompass Nr. 1b.
Abkürzung Oberwolfertsweiler – Degersee – Busenhaus – Schleinsee.
Abstecher Berger Höhe mit Orientierungstafel zum Alpenpanorama.
Anmerkung Bademöglichkeit nur am Degersee.
Wissenswertes *Kressbronn* siehe Nr. 10.
Tourenbeschreibung Vom *Parkplatz Festhalle* erreichen wir über einige Stufen die *Nonnenbachschule*. Bei der *Zehntscheuerstraße* halten wir uns links und biegen nach 40 Metern rechts in den *Schulweg* ein, der zur *Gattnauer Straße* führt. Bei der ersten Weggabelung nach Ortsende geht es Richtung Gottmansbühl.

Am Degersee (Foto: Bildarchiv Bodensee, J. Flachs)

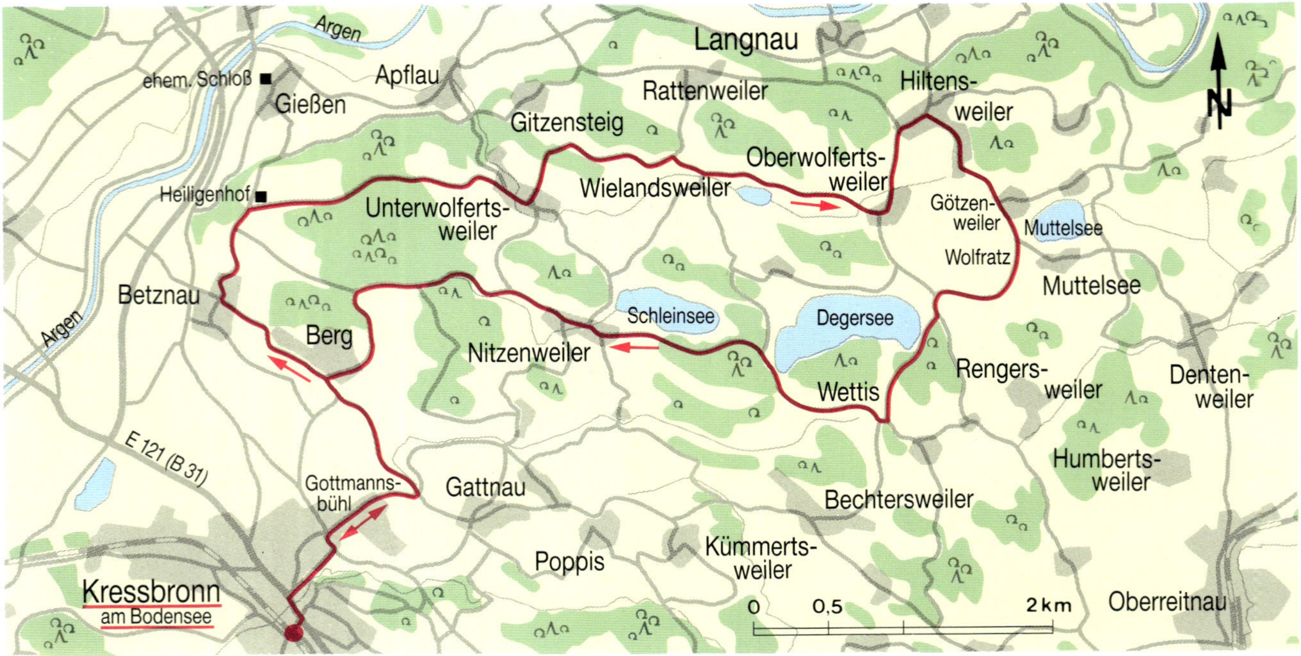

Langnau
Argen
ehem. Schloß
Apflau
Gießen
Rattenweiler
Hiltens-
weiler
Gitzensteig
Oberwolferts-
weiler
Heiligenhof
Wielandsweiler
Unterwolferts-
weiler
Götzen-
weiler
Muttelsee
Wolfratz
Muttelsee
Betznau
Argen
Berg
Schleinsee
Degersee
Nitzenweiler
Rengers-
weiler
Denten-
weiler
Wettis
E 121 (B 31)
Humberts-
weiler
Gottmanns-
bühl
Gattnau
Bechtersweiler
Poppis
Kümmerts-
weiler
Kressbronn
am Bodensee
0
0,5
2 km
Oberreitnau
N

Auf diesem Weg unmittelbar nach dem zweiten Bauernhaus links abbiegen. Der Feldweg überquert die Hauptstraße und führt über *Kalkähren* nach *Betznau.* Im Ort wandern wir bei der ersten Kreuzung nach rechts am Dorfbach entlang und folgen dann den Wegweisern über den *Heiligenhof* nach *Unterwolfertsweiler.* Im Dorf bei einem Bauernhof links steil bergauf. Auf der Höhe treffen wir auf einen Teerweg, der uns Richtung *Wielandsweiler* bringt. Bei der Wegkapelle vor dem Ort wandern wir links an einem Schilfweiher vorbei nach *Oberwolfertsweiler.* Von hier geht es nach *Hiltensweiler* (Ortstafel). Beim ersten Gasthof vor der Kirche nach links abbiegen und etwa 1 Kilometer bis *Götzenweiler.*

Weiter über *Wolfratz* gelangen wir an den idyllischen *Degersee.* Von der Hauptstraße zweigt nach rechts ein Waldweg ab, der uns über *Wettis* zum westlichen Ufer des Degersees leitet. Der Markierung »blauer Strich auf weißem Grund« folgend verlassen wir den Hauptweg und kommen auf einem Waldweg an die Südseite des *Schleinsees.* Über *Nitzenweiler* geht es vorbei an *Berg,* wo sich bald der Kreis der Tour schließt. Auf dem bekannten Weg zurück zum Ausgangspunkt.

70 Kressbronn – Wasserburg – Bad Schachen – Taubenberg – Selmnau – Kressbronn

Verkehrsmöglichkeiten Bahn, Bus, Schiff.
Parkmöglichkeiten Parkplatz Festhalle.
Wegmarkierung Teilweise Bodensee-Rundwanderwegzeichen, im übrigen siehe Tourenbeschreibung.
Tourenlänge 21 km.
Wanderzeit 5 Stunden.
Höhenunterschiede 75 m.
Wanderkarte 1:50000 Bodensee Ost, Kompass Nr. 1b.
Abkürzung Bahnhof Enzisweiler zurück nach Kressbronn = 10 Kilometer weniger oder von Bad Schachen zurück mit dem Schiff = 9 Kilometer weniger.
Anmerkung Besonders schön zur Zeit der Baumblüte.
Wissenswertes *Kressbronn* siehe Nr. 10.
Wasserburg siehe Nr. 10.
Tourenbeschreibung Vom Parkplatz über die B 31 zum *Bahnhof.* Dort folgen wir nördlich der Bahnlinie dem beschilderten Fußweg Kressbronn – Nonnenhorn, bis *Nonnenhorn* erreicht ist.

Bechtersweiler
Unter-
reitnau
N
0
0,5
2 km
Hüttmanns-
berg
Kümmerts-
weiler
Rickatshofen
Schönau
Bruggach
Taubenberg
Poppis
Gattnau
Hengnau
Hoyer-
berg
Bettnau
Hoyren
Selmnau
Bodolz
Bahnhof
Enzis-
weiler
Bad Schachen
Retterschen
Hattnau
Bahnhof
Lindau
(Bodensee)
Bahnhof
E 121
(B 31)
Hege
Reutenen
Bad
Bad
Bad
Insel
Kressbronn
am Bodensee
Bad
Wasserburg
(Bodensee)
Bahnhof
Bad
Nonnenhorn
Bad

Hier überqueren wir die Bahn, wandern nach rechts auf der *Mauthhausstraße,* bis diese in die *Seestraße* mündet. Weiter auf dieser Straße, am Strandbad vorbei und später über die *Conrad-Forster-Straße* immer in Seenähe bis *Wasserburg.*

Ab hier befinden wir uns auf dem Bodensee-Rundwanderweg, durchwandern den *Lindenhofpark* und erreichen bald danach *Bad Schachen* mit Schiffsanlegeplatz, wo wir den See landeinwärts verlassen.

In *Enzisweiler* müssen wir wenige Schritte auf der B 31 Richtung Lindau gehen, bevor uns nach links abbiegend ein Fußweg steil hinauf zum *Hoyerberg* (bekannte Gastronomie im Hoyerberg-Schlößchen, Terrasse, Aussicht) führt.

Zu Tour 10, 70 **Wasserburg/Bodensee** (Foto: Klaus Puntschuh)

Vom Hoyerberg dem Wegweiser *Bodolz* folgen. Am Ortseingang vor der Bahnunterführung geht es bergauf nach *Taubenberg* (Privatgestüt mit Reitschule) und auf schönem Höhenweg über *Bruggach* und durch ein Wäldchen nach *Hengnau.* Beim *Gasthaus »Zum Waldhorn«* verlassen wir den Kurort und sehen bald auf einer etwa 1½ Kilometer entfernten Anhöhe die *St. Antonius Kapelle* liegen. Wir wandern auf einem Landwirtschaftsweg durch Obstgärten direkt auf sie zu. Der prächtige Aussichtspunkt lädt zum Verweilen ein.

Unmittelbar an der Kapelle vorbei führt der Weg westlich von Selmnau nach *Retterschen*. Hier treffen wir auf den Bodensee-Rundwanderweg und gelangen über die *Ottenberghalde* (Aussicht auf die Kressbronner Bucht) wieder zum Ausgangspunkt der Tour zurück.

71 Kressbronn – Selmnau – Hengnau – Unterreitnau – Poppis – Kressbronn

Verkehrsmöglichkeiten Bahn, Bus, Schiff.
Parkmöglichkeiten Parkplatz Festhalle.
Wegmarkierung Bis Selmnau Bodensee-Rundwanderwegzeichen, im übrigen siehe Tourenbeschreibung.
Tourenlänge 16½ km.
Wanderzeit 4½ Stunden.
Höhenunterschiede 80 m.
Wanderkarte 1:50000 Bodensee Östlicher Teil, Kompass Nr. 1b.
Wissenswertes *Kressbronn* siehe Nr. 10.
Tourenbeschreibung Von der Kirche in *Kressbronn* auf die Höhe des *Ottenberges* (Aussicht) und durch Obstplantagen nach *Selmnau*. Hier steigen wir hinauf zur herrlich gelegenen *St. Antonius Kapelle* (1696 anstelle einer bereits 1292 erwähnten Marienkapelle erbaut) und über das Aussichtsplateau ostwärts hinüber in das von der Höhe sichtbare Dorf *Hengnau*. Nach etwa 300 Metern auf der Straße Richtung Unterreitnau, geht es rechts ab durch ein Wäldchen nach *Bruggach* und auf schönem Höhenweg nach *Taubenberg*. Links durch das Dörfchen, an einem Privatgestüt vorbei und kurz nach Ortsende dem Wegweiser Richtung Oberreitnau folgen. Bei den beiden folgenden Weggabelungen halten wir uns jeweils links und erreichen so das schon von weitem erblickte *Unterreitnau*. An der Kirche vorbei auf dem kaum befahrenen Sträßchen über *Bechtersweiler* nach *Kümmertsweiler*. Bei der Gaststätte »Frohe Aussicht« halten wir uns rechts und erreichen auf dem Landwirtschaftsweg bald *Poppis*. In der Dorfmitte geht es links bergan und auf dem Fußweg über *Gattnau* zurück nach *Kressbronn*.

Berg
0 0,5 2 km
Denten- weiler
Rengers- weiler
Humberts- weiler
E 121 (B 31)
Hüttmanns- berg
Bechtersweiler
Poppis
Gattnau
Kümmerts- weiler
Oberreitnau
Nonnenbach
Otten- berg
Rickatshofen
Unter- reitnau
Selmnau
Retterschen
Hengnau
Bruggach
Kressbronn
am Bodensee
Hattnau
Rengolsberg
Nonnenhorn
Bodolz
Bad
Wasserburg
Hoyren

72 Durch das untere Argental: Kressbronn – Tunau – Argenmündung – Gießenbrücke – Laimnau – Betznau – Gattnau – Kressbronn

Verkehrsmöglichkeiten Kressbronn: Bahn, Bus, Schiff.
Parkmöglichkeiten Parkplatz bei der Kirche oder am Bahnhof.
Wegmarkierung Siehe Tourenbeschreibung.
Tourenlänge 26 km.
Wanderzeit 6½ Stunden.
Höhenunterschiede 220 m.
Wanderkarte 1:50000 Bodensee Ost, Kompass Nr. 1b.
Abkürzung Von der Giessenbrücke direkt zum Schloß Giessen und Heiligenhof = 7 Kilometer weniger.
Anmerkung Einkehrmöglichkeiten: Tunau, Zollhaus Giessen, Laimnau, Badhütten, Ausflugslokal Torkel vor Berger Höhe.
Wissenswertes *Kressbronn* siehe Nr. 10.
Tourenbeschreibung Unsere heutige Wanderung beginnt beim Bahnhof in Kressbronn. Durch die Bahnunterführung und über die Straße mit der Bezeichnung *»Riedäcker«* kommen wir zum Seeufer. Am Strandbad vorbei auf dem beschilderten Weg »Gohren – Langenargen« erreichen wir *Tunau* mit schön gelegener kleiner Kapelle. Beim Landgasthof »Dorfkrug« nach links abbiegen und durch einen großen Campingplatz (Schnaidt) zum Bootshafen. Hier wenden wir uns nach rechts und bleiben vor einer Holzbrücke über die Argen am rechten Ufer (Markierung 31 und 32).

An diesem entlang, durch parkähnliche Uferlandschaft, wandern wir etwa 6 Kilometer in nördliche Richtung bis zur *Gießenbrücke* am Ende des Kies-Sandweges. Am Gasthof *Zollhaus* (frühere Zollstation zwischen Lindau und Tettnang) vorbei und nach 100 Metern in den Weg nach rechts einbiegen, der durch Obstfelder und Hopfenanlagen am *Hof Reichen* vorbei und bis zum *Hof Wiesach* führt. Beim Schild »Eingang Schloßhof« steigen wir einen steilen Pfad hinauf und auf der ersten Höhe angekommen, nach rechts an der Hangkante entlang (Markierung 5), bis der Blick auf Laimnau frei wird. Weiter steil bergauf (Markierung 5/6) erreichen wir, zuletzt über Treppenstufen, die Aussichtsplatte *»Grafenholz«* mit Tischen, Bänken und einem Holzkreuz. Unser Wegpfad führt nun in nordöstliche Richtung ziemlich steil abfallend in eine Schneise, erneut an der Hangkante entlang, bis zum Gewand »Birkbach IX 17«. Hier wieder steil aufwärts, dann wellig bis zu einem nach rechts offenen Steilhang. Kurz zuvor verlassen wir unseren Trampelpfad und

N
Tettnanger
Wald
Laimnau
Bad
Badhütten
Unter-
langnau
Argen
Rattenweiler
Gitzensteig
Wielandsweiler
Hochwacht
Apflau
Unterwolferts-
weiler
Schleinsee
Gießenbrücke
Whs.
Gießen
ehem. Schloß
Nitzenweiler
Röm. Niederlassung
Heiligenhof
Betznau
Berg
Gattnau
Oberdorf
E 121 (B 31)
Argen
Gottmanns-
bühl
Retterschen
Kressbronn
am Bodensee
Gohren
Tunau
Langen-
argen
Schnaidt
0
0,5
2 km

wandern auf einem grasbewachsenen Waldweg weiter, der nach links abbiegt und uns nach etwa einem Kilometer zu einer Weggabelung führt. Auf der Straße mit dem Hinweisschild »18% Gefälle« erreicht man durch einen Tobel den Ort *Laimnau.*

Nördlich der Kirche über die *Bollenbachbrücke* und am Ortsende rechter Hand Richtung Argen, nach *Badhütten.* Durch den Gutshof (Gasthaus) auf schmalem Pfad am Campingplatz vorbei zu einer Hängebrücke über die Argen. Weiterwandernd kommen wir durch den Ort *Unterlangnau,* überqueren am Ortsausgang die Durchfahrtsstraße und gehen bei der Ortstafel einen Waldweg hinauf. Auf der Höhe folgen wir der Hangkante nach rechts bis zu einem Fahrsträßchen, das uns wieder nach rechts bis zum Dorf *Rattenweiler* führt. Auf diesem Wegstück bietet sich ein kleiner Abstecher zur Burgruine *»Altsummerau«* (Aussicht) an, auf den ein Schild gut erkennbar hinweist.

Nun der Straße nach durch das Dorf Rattenweiler und durch ein Waldstück hinunter bis links ein Feldweg nach *Gitzensteig* (Wegweiser) abzweigt. Am südlichen Ende des Dörfchens bei einer kleinen Kapelle geht es steil abwärts ins Argental. Hier halten wir uns immer am Waldrand, auch an der Stelle, wo der Feldweg Richtung Apflau weiterläuft. Bald stoßen wir auf eine Teerstraße, überqueren diese, um rechts an einer Kiesgrube vorbei weiter am Waldrand entlang zu wandern, bis Schloß Gießen sichtbar wird. Wir folgen der vom Argental kommenden Asphaltstraße bergauf zum *Heiligenhof,* weiter nach *Betznau* und hier an der ersten Kreuzung dem Straßenschild »Berg-Gattnau«.

Auf der *Berger Höhe* (Rastplatz mit Orientierungstafel) genießt man eine weite Aussicht über Kressbronn, den Bodensee und bei klarer Wetterlage bis zu den Alpen. Zum Abschluß der langen, abwechslungsreichen Tour wandern wir von *Berg* nach *Gattnau* auf dem Fahrsträßchen und kommen über den für Kfz gesperrten *Kirchweg* (beim ersten Bauernhaus in Gattnau abbiegen) wieder nach *Kressbronn.*

73 Steinenbach – Heggelbacher Steg – Flunau – Steinenbach

Verkehrsmöglichkeiten Keine öffentlichen Verkehrsmittel.
Parkmöglichkeiten Im Ort Steinenbach.
Wegmarkierung Blauer Balken auf weißem Grund.
Tourenlänge 7½ km.
Wanderzeit 2 Stunden.
Höhenunterschiede Unbedeutend.
Wanderkarte 1:50000 Bodensee Östlicher Teil, Kompass Nr. 1b.
Anmerkung Nr. 73 und 74 können miteinander kombiniert werden.
Tourenbeschreibung Von *Steinenbach* zunächst auf dem Fahrsträßchen Richtung Summerau. Nach etwa 300 Metern zweigt rechts ein Feldweg ohne Markierung ab, der zum *Heggelbacher Steg* führt. Nach links kommen wir in wenigen Minuten zum

Wald und auf Trampelpfaden am rechten Argenufer zum *Achberger Hängesteg*. Nach dessen Überquerung wird der Weiler *Flunau* erreicht. Von hier wandern wir auf dem kleinen Verbindungssträßchen Flunau – Summerau zurück zum Ausgangspunkt *Steinenbach*.

74 Flunau – Blumegg – Strohdorf – Regnitz – Schloß Achberg – Flunau

Verkehrsmöglichkeiten Keine öffentlichen Verkehrsmittel.
Parkmöglichkeiten In Flunau.
Wegmarkierung Blauer Balken auf weißem Grund und die Zahl 10.
Tourenlänge 10 km. **Wanderzeit** 3 Stunden.
Höhenunterschiede 120 m.
Wanderkarte 1:50000 Bodensee Ost, Kompass Nr. 1b.
Anmerkung Nr. 73 und Nr. 74 können miteinander kombiniert werden.
Tourenbeschreibung Unser Argen-Rundweg beginnt in *Flunau* und führt zunächst über einen Feldweg durch das *Argental,* dann

aufwärts nach *Blumegg*. Beim letzten Haus gehen wir rechts hinunter und auf abwechslungsreichem Pfad immer der Markierung 10 folgend die Argen entlang flußaufwärts. Über einen Betonsteg wechseln wir zum gegenüberliegenden Argenufer und kommen unmittelbar am munteren Wasser entlang zum reizvollsten Punkt der Wanderung, dem Zusammenfluß von Oberer und Unterer Argen. Ein herrlicher Platz zum Verweilen mit Grillhütte und Bademöglichkeit. Der Weiterweg folgt der Oberen Argen mit ihren vielen Windungen bis zu einer Brücke, bei der wir den Fluß verlassen und über *Strohdorf* nach *Regnitz* gelangen. Bald verläßt der Wanderweg die kleine Fahrstraße und führt rechts einen Waldhang hinauf und über einen kurzen Grat bis zum *Schloß Achberg*. Hier der Wegmarkierung folgend talwärts und über den *Flunauer Hängesteg* zurück zu den wenigen Häusern von *Flunau*.

Grenzfluß Leiblach

Wenn auch die Leiblach auf den letzten Kilometern hart an der Grenze zu Österreich verläuft, bleibt sie doch von der Quelle bis zur Mündung in den Bodensee bei Lindau-Zech ein »bayrischer Fluß«.

In ihrem Lauf noch ungehindert, fließt sie in vielen Windungen dem See entgegen. Von Mensch und Technik verschont, blieb hier noch ursprüngliche Natur erhalten. Eine Freude für den Wanderer, der auf dem markierten Leiblachweg dem Flußlauf folgen kann.

75 Sigmarszell – Thumen – Zeisertsweiler – Tobel – Reutin – Lindau Insel

Verkehrsmöglichkeiten Bus Lindau – Biesings.
Parkmöglichkeiten Lindau Seeparkplatz.
Wegmarkierung Fast durchgehend durch Straßenschilder markiert.
Tourenlänge 12 km. **Wanderzeit** 3 Stunden.
Höhenunterschiede 80 m.
Wanderkarte 1:50000 Bodensee Ost, Kompass Nr. 1b.
Wissenswertes *Sigmarszell* Kleiner, über 1000 Jahre alter Ort mit ausgeprägtem Dorfcharakter.

Lindau siehe Nr. 11.

Hohenweiler
Wildberg
Biesings
Sigmarszell
Thumen
Schlachters
P
Laiblachsberg
Österreich
B 308
Zeiserts-
weiler
Hubers
A 96
Egghalden
Leiblach
Weißensberg
Tobel
Bösen-
reutin
Gemeinde
Bösenreuttobelb
Streitels-
fingen
E 61 (B 12)
Hörbranz
Oberreutin
P
Reutin
Hoyren
Bad
E 61 (B 31)
Aeschach
DJH
Zech
Lindau
Bad
0
0,5
2 km
Insel

Tourenbeschreibung Beim Gasthaus Sonne (heute Bäckerei) in Biesings biegen wir gleich gegenüber in den Wald und haben am Ende des kurzen Waldstückes das Dorf *Sigmarszell* und das Gebirge mit dem Pfänder vor uns. Vor dem einzigen Gasthaus im Ort rechts abbiegen und den nächsten Feldweg wieder rechts nach *Thumen.* Von Thumen auf der kleinen Straße über *Zeisertsweiler* und *Witzigmänn* nach *Bösenreutin.* Hier zweigt der Weg rechts ab nach *Tobel,* das wir entweder über ein Fahrsträßchen ausholend oder über einen Treppenweg erreichen. Der Ort Tobel wird in Richtung Weißensberg durchquert. Beim letzten Haus links in den Tobel abbiegen. Hier wandern wir über eine Brücke und nach dem Wald zu einer markierten Wegkreuzung. Bei dieser hält man sich links und erreicht bald *Streitelsfingen.*

Während der Wanderung und auch im Garten des kleinen Streitelsfinger Schlößchens (oder Montfort-Schlößle) reicht der Blick über den Bodensee und bis zu den angrenzenden Bergen. Wir bleiben auf dem Fahrsträßchen, das uns über *Oberreutin* sicher nach *Lindau* führt.

Zu Tour 11, 75 **Lindau,** Gartenstadt mit **Bregenzer Bucht**
(Foto: Bildarchiv Bodensee, J. Flachs)

76 Leiblachweg: Zech – Hangnach – Sigmarszell – Hergensweiler

Verkehrsmöglichkeiten Bus Lindau-Zech.
Parkmöglichkeiten Bei der Kirche in Zech.
Wegmarkierung Mit »Leiblachweg« fast durchgehend beschildert.
Tourenlänge 8 km.
Wanderzeit 3 Stunden.
Höhenunterschiede 180 m.
Wanderkarte 1:50000 Bodensee Östlicher Teil, Kompass Nr. 1b.
Anmerkung Die Wanderung kann ab Sigmarszell mit Nr. 75 zu einer Rundtour kombiniert werden.
Wissenswertes *Sigmarszell* siehe Nr. 75.
Hergensweiler Beschauliches Dorf mit Pfarrkirche St. Ambrosius (barocke Innenausstattung) und Antoniuskapelle in schöner Aussichtslage.
Tourenbeschreibung Im Lindauer Stadtteil *Zech* stößt man bei der Kirche auf den Wanderweg, der zunächst an Schrebergärten, dann über einen asphaltierten Weg an einigen Einzelhöfen

0
0,5
2 km
N
Hergensweiler
Mollenberg
Leiblach
Wildberg
B 308
Gmünd
Sigmarszell
Dornach
B 18
Schlachters
B 308
Hohenweiler
Thumen
Laiblachsberg
Weißensberg
Zeisertsweiler
Österreich
Egghalden
A 96
Diezlings
Weidach
Bösenreutin
Leiblach
Hangnach
Lindau-Reutin
Kirchdorf
Gemeinde
Brantmann
Hörbranz
Backenreute
E 61
(B 31)
Österreich
Zech
Leiblach

vorbeiführt. Bald wandern wir auf einem Waldpfad, der in leichtem Auf und Ab immer der Leiblach folgt. Die Leiblach ist ein echter Grenzfluß. An diesem entlang wandern wir stets hart an der deutsch-österreichischen Grenze. Fast durchgehend als »Leiblachweg« markiert, erreichen wir auf diesem Weg mühelos *Sigmarszell* und zweigen erst auf der Höhe von *Hergensweiler* nach links ab, um nach einem kurzen Aufstieg das Ziel unserer Wanderung, das gemütliche Dorf Hergensweiler, zu erreichen.

77 Schlachters – Diezlings – Witzigmänn – Schlachters

Verkehrsmöglichkeiten Bus Lindau – Schlachters.
Parkmöglichkeiten Beim Haus des Gastes in Schlachters.
Wegmarkierung Teilweise Ortswegweiser.
Tourenlänge 6 km. **Wanderzeit** 1½ Stunden.
Höhenunterschiede 120 m.
Wanderkarte 1:50000 Bodensee Ost, Kompass Nr. 1b.
Tourenbeschreibung Von der Hauptstraße in *Schlachters* folgen wir den Wegbezeichnungen *»An der Halde«* und *»Wiesenstraße«*. Links auf dem kleinen Fußweg wird die Bundesstraße überquert und *Thumen* erreicht. In Thumen über die *Leiblachstraße* und hinunter zum Waldrand. Auf diesem Weg bleiben wir, bis nach etwa 100 Metern eine Weggabelung erreicht wird. Hier biegt man links ab und kommt hinunter zum *Hof Huber.* Dort auf dem Leiblachweg nach *Diezlings* (Grenzübertritt nach Österreich möglich) und nach rechts bergauf nach *Egghalden*. Richtung Bösenreutin gehend, biegen wir vor den ersten Häusern von Witzigmänn rechts ab hinauf zu einer kleinen Kapelle und nach *Zeisertsweiler.* Über *Laiblachsberg* führt der Weg unter der Bundesstraße hindurch zum Ausgangspunkt zurück.

78 Sigmarszell – Mollenberg – Miezlings – Dornach – Sigmarszell

Verkehrsmöglichkeiten Bus Lindau – Biesings.
Parkmöglichkeiten Im Ort Sigmarszell.
Wegmarkierung Ortswegweiser.
Tourenlänge 4 km.
Wanderzeit 1 Stunde.
Höhenunterschiede 50 m.
Wanderkarte 1:50000 Bodensee Östlicher Teil, Kompass Nr. 1b.
Wissenswertes *Sigmarszell* siehe Nr. 75.
Tourenbeschreibung Von *Sigmarszell* wandern wir auf einem Fahrsträßchen nach *Biesings.* Hier geht es zuerst über die Bundesstraße, dann über die Bahnlinie und scharf rechts nach *Mollenberg.* Der Ort wird durchquert. Am Ortsende wandern wir weiter Richtung Hergensweiler und nach erneuter Überquerung der Bahnlinie rechts abzweigend nach *Miezlings.* In Richtung Leiblach geht es dann weiter auf dem Leiblachwanderweg über *Dornach* nach *Sigmarszell.*

79 Hergensweiler – Volklings – Stockenweiler Weiher – Hergensweiler

Verkehrsmöglichkeiten Bahn, Bus Lindau – Hergensweiler.
Parkmöglichkeiten Am Sportplaz in Hergensweiler.
Wegmarkierung Ortswegweiser.
Tourenlänge 4½ km.
Wanderzeit 1½ Stunden.
Höhenunterschiede Keine.
Wanderkarte 1:50000 Bodensee Ost, Kompass Nr. 1b.
Wissenswertes *Hergensweiler* siehe Nr. 76.
Tourenbeschreibung Diese Rundtour ist durchgehend gut mit Ortswegweisern beschildert. Sie führt durch meist offenes Gelände mit Ausblicken auf den Pfänderrücken und Bregenzer Wald. Beim Sportplaz in *Hergensweiler* kann man sich an einer Wandertafel orientieren. Dann geht es den Holzwegweisern *Rupolz, Volklings* und *Stockenweiler* nach. Vor Stockenweiler führt die Wanderung am gleichnamigen Weiher vorbei, der mit seiner Tier- und Pflanzenwelt unter Naturschutz gestellt wurde. Im Ort Stockenweiler wird die B 12 überquert und auf bezeichnetem Weg *Hergensweiler* wieder erreicht.

80 Hergensweiler – Knochenmühle – Niederstaufen – Adelberg – Haggen – Immen – Hergensweiler

Verkehrsmöglichkeiten Bahn, Bus Lindau – Hergensweiler.
Parkmöglichkeiten Beim Sportplatz in Hergensweiler.
Wegmarkierung Überwiegend Ortswegweiser.
Tourenlänge 6 km.
Wanderzeit 2 Stunden.
Höhenunterschiede 150 m.
Wanderkarte 1:50000 Bodensee Ost, Kompass Nr. 1b.
Wissenswertes *Hergensweiler* siehe Nr. 76.
Abstecher Wendelinskapelle Kinberg (ab Haggen 2 km).
Tourenbeschreibung Beim Gasthof »Alte Post« in *Hergensweiler* hinunter zum Leiblachweg. Hier bei der *Knochenmühle* über eine Brücke und zum Teil über Treppenstufen hinauf nach *Niederstaufen*. In der Ortsmitte biegt man nach rechts ab Richtung Sportplatz und wandert leicht bergauf nach *Adelberg*. Beim Wegweiser »Jägerkreuz« gehen wir nach links und kurz vor den Gehöften von *Haggen* an einer Wegkapelle links hinunter nach

Infang. Nun geht es bergab und nach Überqueren der Hauptstraße wieder leicht bergauf nach *Immen.* Die Aussicht auf die Landschaft des Vorallgäus ist hier besonders schön. In Immen halten wir uns links und folgen diesem Weg hinunter zur Leiblach und über eine Holzbrücke auf die andere Seite des Flüßchens. Nach einem kurzen Aufstieg erreichen wir *Wolfgangsberg* und auf markiertem Weg den Ausgangspunkt *Hergensweiler.*

Pfänder (Vorarlberg/Österreich)

Der 1063 Meter hohe Hausberg von Bregenz wird mit Recht als »Balkon des Bodensees« bezeichnet. Er bietet eine umfassende Aussicht auf die Bregenzer Bucht, den Bodensee und auf über 200 Alpengipfel. Auf einem Rundgang durch den Alpenwildpark sind verschiedene Wildarten in großen Gehegen zu beobachten. Als neue Attraktion wird eine Greifvogelschau geboten.

Wer es bequem mag, kann für den Auf- oder Abstieg die Kabinen-Seilbahn wählen. Auch die Fahrt mit dem Pkw ab Lochau ist möglich. – Alle Wege der nachfolgenden Wandervorschläge sind gut markiert und problemlos zu finden. Festes Schuhwerk ist notwendig.

Zu Tour 81, 82, 83, 84, 85, 86, 87 **Pfänder**
(Foto: Landesfremdenverkehrsverband Vorarlberg, Bregenz/Foto Lauterbach)

81 Aufstieg zum Pfänder ab Bregenz

Verkehrsmöglichkeiten Bregenz: Bahn, Bus, Schiff.
Parkmöglichkeiten Großparkplätze am See oder Talstation Pfänderbahn.
Tourenlänge 4½ km.
Wanderzeit Etwa 1½ Stunden.
Höhenunterschiede 640 m.
Wanderkarte 1:50000 Bregenz Landeskarte der Schweiz.
Anmerkung Der Wanderweg ist auch von der Pfänderbahn-Talstation (Parkplatz) über die Steinbruchgasse zu erreichen.
Wissenswertes *Bregenz* siehe Nr. 11.
Tourenbeschreibung Die Wanderung beginnt am See und führt über die *Kaiserstraße* (Fußgängerzone) zum *Leutebühel.* Nach der Fußgängerunterführung geht es hinauf zur *Oberstadt* (Altstadt). Bald erreichen wir den *Hof Weissenreute.* Über den *Hof Hintermoos* geht es weiter auf den *Pfänder.* Der obere Teil des Wanderweges erlaubt herrliche Ausblicke auf die Bregenzer Bucht.

82 Aufstieg zum Pfänder über Altreute

Verkehrsmöglichkeiten Bregenz: Bahn, Bus, Schiff.
Parkmöglichkeiten Talstation Pfänderbahn.
Tourenlänge 4 km.
Wanderzeit 1½ Stunden.
Höhenunterschiede 640 m.
Wanderkarte 1:50000 Bregenz Landeskarte der Schweiz.
Wissenswertes *Bregenz* siehe Nr. 11.
Tourenbeschreibung Ab der Pfänderbahn-Talstation führt der *Altreuteweg* (beschildert) bergauf. Nach etwa 400 Metern biegen wir links ab und erreichen auf einem etwas steilen Waldweg bei einer Kapelle den *Bauernhof Altreute* (Aussicht). Der rechte Weg führt zum *Hof Hintermoos.* Geht man den linken Weg am Hof Altreute vorbei, kann man auf einem ausgebauten Landwirtschaftsweg ebenfalls den Hof Hintermoos erreichen. Ab Hof Hintermoos weiter auf den *Pfänder.*

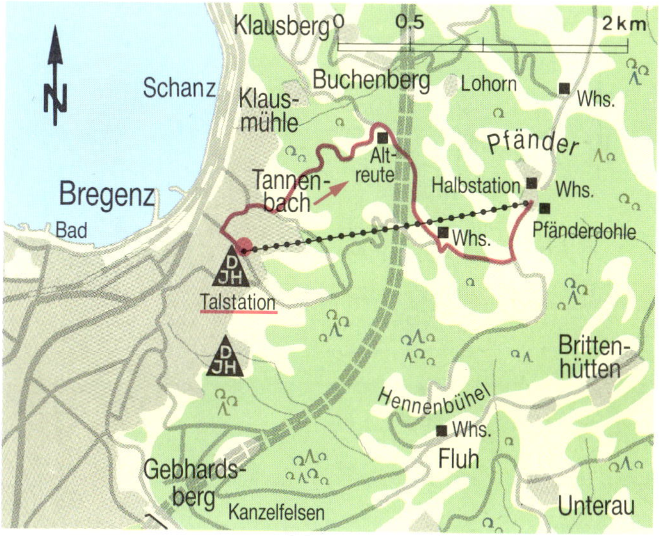

83 Aufstieg zum Pfänder: Bregenz – Gebhardsberg – Fluh

Verkehrsmöglichkeiten Bregenz: Bahn, Bus, Schiff.
Parkmöglichkeiten Seeparkplätze oder bei der Kirche St. Gallus.
Tourenlänge 8 km.
Wanderzeit 2½ Stunden.
Höhenunterschiede 640 m.
Wanderkarte 1:50000 Bregenz Landeskarte der Schweiz.
Abkürzung Wo der Weg zum Gebhardsberg abzweigt, nach links auf dem Forstweg direkt zum Berghof Fluh (Abkürzung 1 km).
Wissenswertes *Bregenz* siehe Nr. 11.
Tourenbeschreibung Die *Stadtpfarrkirche St. Gallus* ist Ausgangspunkt dieses Aufstieges zum Pfänder. Nachdem wir vorbei am *Kloster Marienberg* das *Gallus-Stift* erreicht haben, biegen wir etwa 200 Meter später rechts ab hinauf zum *Gebhardsberg* (Burgrestaurant mit Aussichtsterrasse). Über den *Känzeleweg* am oberen Rand einer Felswand entlang zum *Berghof Fluh.* Von hier auf dem gut beschilderten Wanderweg zum *Pfänder.*

84 Aufstieg zum Pfänder: Lochau – Haggen

Verkehrsmöglichkeiten Bus.
Parkmöglichkeiten Im Ort Lochau.
Tourenlänge 6½ km.
Wanderzeit 2 Stunden.
Höhenunterschiede 640 m.
Wanderkarte 1:50000 Bregenz Landeskarte der Schweiz.
Tourenbeschreibung Vom *Gasthaus Wellenhof* in Lochau (Bus-Haltestelle) führt die Wanderung von der Bundesstraße den Weg »Am Stein« aufwärts am *Rhombergstein* vorbei (Gedenkstein für den 1647 im Kampf gegen die Schweden gefallenen Schützenführer Thomas Rhomberg).

Wir wandern – stets mit Aussicht auf den See – immer an der oberen Kante des *Haggenfelsabsturzes* aufwärts bis zum *Haggen*. Am Haggen stoßen wir auf die Pfänderstraße, bei der wir rechts abzweigen, um nach etwa 20 Minuten beim *Hof Altreute* auf die Route Nr. 91 und weiter auf den *Pfänder* zu kommen.

85 Höhenwanderung: Pfänder – Möggers – Scheidegg

Verkehrsmöglichkeiten Pfänder-Seilbahn. Von Scheidegg Bus über Lindau nach Bregenz.
Parkmöglichkeiten Talstation bzw. Bergstation Pfänderbahn.
Wegmarkierung Pfänder – Möggers grün-weiß, ab Möggers Wegweiser.
Tourenlänge 14 km. **Wanderzeit** 4 Stunden.
Höhenunterschiede 150 m.
Wanderkarte 1:50000 Bregenz Landeskarte der Schweiz.
Variante Für das Teilstück zwischen Moos und Trögen kann ein nicht asphaltierter Weg benutzt werden. Etwa 600 Meter nach der in der Tourenbeschreibung erwähnten Straßenkreuzung in Moos führt dieser Weg zunächst durch ein kleines Waldstück. Der allgemein wenig bewanderte Höhenweg stößt nach etwa 45 Minuten in Trögen wieder auf die beschriebene Route.
Anmerkung Grenzüberschreitende Route, Personalausweis.
Tourenbeschreibung Neben der Bergstation der Pfänder-Seilbahn wandern wir auf asphaltiertem Sträßchen bis zur Wegkreuzung, wo wir uns nach rechts orientieren. Vorbei an den *Höfen Moos, Hub, Jungholz* und *Hinteregg* (Sennerei) erreichen wir *Trögen*. Hier folgen wir dem nach rechts abzweigenden Höhenweg und kommen nach etwa 1 Stunde nach *Möggers.*

Am Ortsende führt der Wanderweg über den Grenzübergang *Weienried* nach *Scheidegg.*

Bodensee/Möggers
(Foto: Landesfremdenverkehrsverband Vorarlberg, Bregenz/Foto Sickert's)

Hohen-
weiler
Leutenhofen
Rucksteig
Weienried
Unter-
schwenden
Ober-
Möggers
Österreich
Daxlenberg
Lutzenreute
Hochberg
Trögerhöhe
Trögen
Gschwend
Eichenberg
Österreich
Hinteregg
Jungholz
Jungholz
Hirschberg-Alm
Hub
Hirschberg
Langen
Pfänder
Whs.
Halbstation
Pfänderdohle
Grasreute
0
0,5
2 km

86 Höhenwanderung: Pfänder – Hirschberg – Hirschbergalpe

Verkehrsmöglichkeiten Pfänder-Seilbahn.
Parkmöglichkeiten Talstation bzw. Bergstation Pfänderbahn.
Tourenlänge 5½ km.
Wanderzeit 1½ Stunden.
Höhenunterschiede 200 m.
Wanderkarte 1:50000 Bregenz Landeskarte der Schweiz.
Tourenbeschreibung Der Wanderweg von der Pfänder-Bergstation bis Jungholz ist identisch mit Tour Nr. 85. Dort zweigen wir rechts ab und folgen der Markierung »Hirschberg« sowie »Langen-Wirtatobel«. Nach etwa 10 Minuten erreichen wir einen Bildstock, bei dem wir den schmaleren Weg nach links einschlagen.

Der weitere Weg zur Hirschberg-Alpe verläuft überwiegend durch Wald. Die *Hirschberg-Alpe* selbst liegt jedoch völlig frei und ist ein großes Weidegebiet. In der Bergkapelle werden Gottesdienste abgehalten.

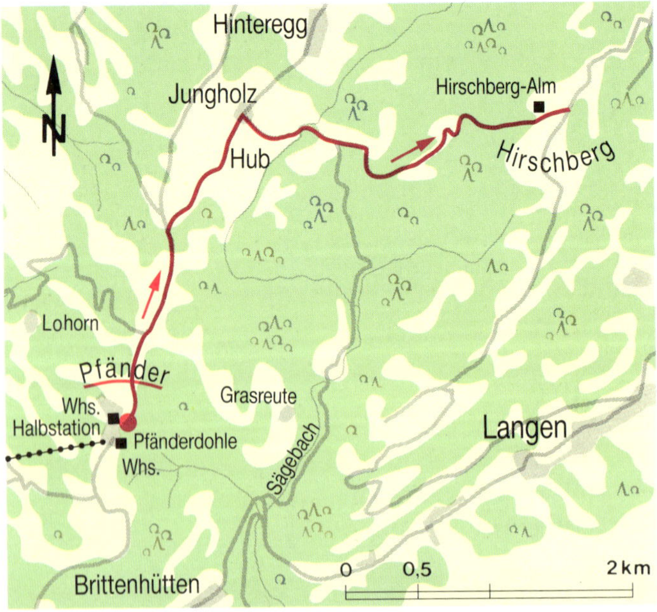

87 Höhenwanderung und Abstieg vom Pfänder: Lutzenreute – Lochau

Verkehrsmöglichkeiten Pfänder-Seilbahn, Busverbindung Lochau – Bregenz.
Parkmöglichkeiten Talstation Pfänder-Bergbahn.
Tourenlänge 12 km.
Wanderzeit 3½ Stunden.
Höhenunterschiede 640 m.
Wanderkarte 1:50 000 Bregenz Landeskarte der Schweiz.
Anmerkung Die Wanderung kann zu einer Rundtour ausgedehnt werden, indem man etwa 45 Minuten auf dem Bodensee-Rundwanderweg von Lochau nach Bregenz geht.
Tourenbeschreibung Neben der Bergstation der Pfänder-Seilbahn wandern wir auf asphaltiertem Sträßchen bis zur Wegkreu-

zung, wo wir uns nach rechts orientieren. Vorbei an den *Höfen Moos, Hub, Jungholz* und *Ilmeregg* (Sennerei) erreichen wir *Trögen.* Wir bleiben auf der geradeaus weiterführenden Fahrstraße und wandern etwa 20 Minuten bergab. Wo die Fahrstraße im spitzen Winkel nach links abbiegt, folgen wir rechts dem Wanderweg nach *Lutzenreute.* Von dort weiter talwärts über *Halbenstein* und *Schloß Hofen* nach *Lochau.*

Zu Tour 88 **St. Gallen, Kathedrale** (Foto: Verkehrsverein der Stadt St. Gallen)

Obersee/Schweiz

Das schweizerische Ufer des Obersees ist nicht in erster Linie Erholungslandschaft, sondern Industriegebiet.

Wahrscheinlich konnte sich deshalb das Südufer nicht in dem Maße wie das Nordufer zu einer Riviera entwickeln.

Fast alle am Wasser gelegenen Orte zwischen Kreuzlingen und Rheineck haben jedoch hübsche Promenaden und Uferanlagen.

88 Rorschach – Eschlen – Eggersriet – Speicher – Vögelinsegg – Fröhlichsegg – St. Gallen

Verkehrsmöglichkeiten Rorschach: Bahn, Schiff, Bahn St. Gallen – Rorschach, Bahn Vögelinsegg – St. Gallen.
Parkmöglichkeiten Am Seeufer.
Wegmarkierung Gelbe Wegweiser.
Tourenlänge 20 km.
Wanderzeit 5 bis 6 Stunden.
Höhenunterschiede Rorschach Hafen 398 m – Eschlen 643 m – Spitzen 874 m – Eggersriet 827 m – Achmüli 619 m – Vögelinsegg 956 m – Waldegg 986 m – Fröhlichsegg 998 m – Riethüsli 753 m.
Wanderkarte 1:50000 Landeskarte der Schweiz 5014 St. Gallen – Appenzell.
Wissenswertes *Rorschach* siehe Nr. 12.

St. Gallen Ursprung in einer Einsiedelei des heiligen Gallus. Heute Einkaufs- und Messeplatz der Ostschweiz. Hauptsehenswürdigkeit die spätbarocke Stiftskirche und die Stiftsbibliothek. Die Fußgängerzone mit Multergasse, Neugasse und Spisergasse verlockt zum Einkaufsbummel.

Tourenbeschreibung Vom Hafenbahnhof geht man die *Signalstraße* hinauf bis zu den Bahngleisen. Hier weiter auf der *Feldmühlstraße* und *Rosengartenstraße* bis zur Überquerung der *Goldacher Straße.* Auf der *St.-Anna-Schloßstraße* weiter über *Loch,* durch die Unterführung der N 1 und bergan bis *Eschlen,* einer Gruppierung von Bauernhäusern auf einer Aussichtsterrasse in Wiesen und Feldern gelegen. Nach dem letzten Haus führt der Weg links hinauf zuerst auf einem kleinen Fahrsträßchen, später über freies Wiesengelände und schließlich durch den *Wittobel* nach *Spitzen.*

Tübach
Goldach
Rorschach
Unter-
goldach
Goldach
Goldach
Loch
Ror-
schacher-
berg
Eschleg
Wittobel
Vorderhof
Untereggen
Mittlerhof
Spitzen
Eggersriet
Egg
Obermüli
Rüti
Mülbach
Robach
Speicher-
schwendi
Achmüli
Habsat
Rehetobel
Kolhalden
Wald
Rechberg
Speicher
0
0,5
2 km

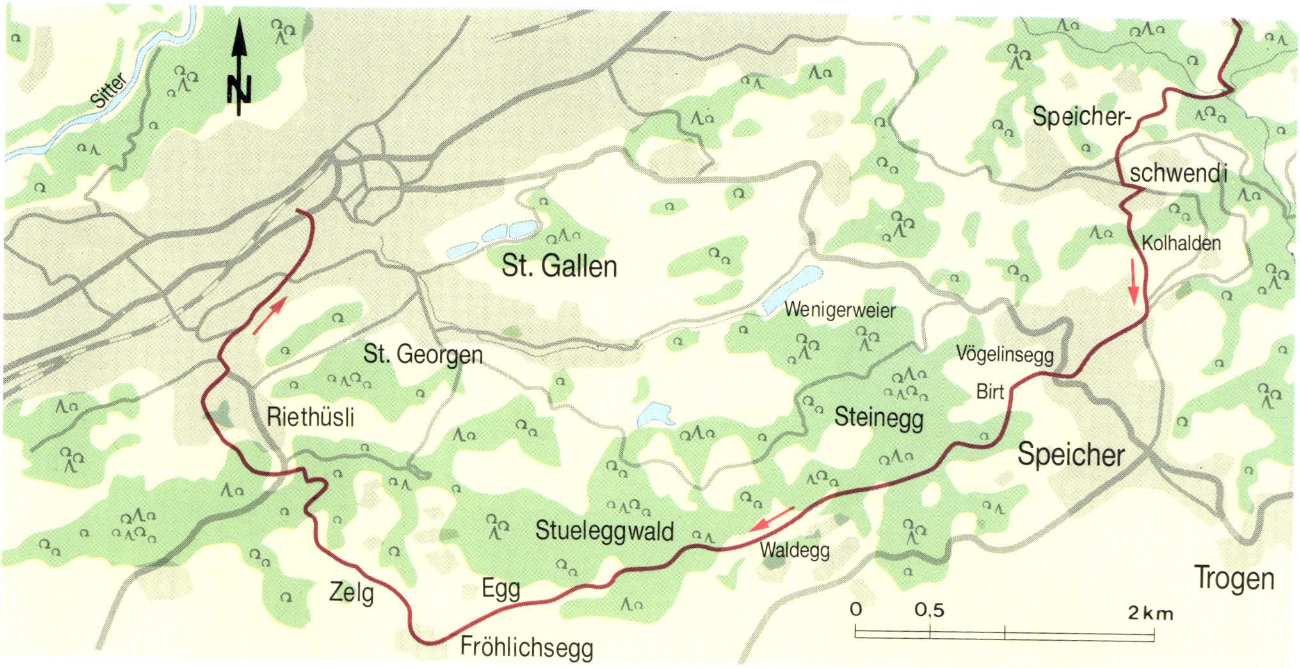
Sitter
N
St. Gallen
Wenigerweier
St. Georgen
Riethüsli
Speicher-
schwendi
Kolhalden
Vögelinsegg
Birt
Steinegg
Speicher
Stueleggwald
Waldegg
Zelg
Egg
Fröhlichsegg
Trogen
0
0,5
2 km

Zu Tour 12, 88 **Rorschach, Kornhaus** (Foto: Verkehrsverein der Stadt St. Gallen)

Hatte man bis hier beim Zurückschauen immer einen herrlichen Blick auf den Bodensee, so ist man bei der Ankunft in *Eggersriet* fasziniert beim Anblick des Alpsteinmassivs. Etwa 100 Meter westlich der Kirche zweigt der Wanderweg links ab und führt zunächst durch ein Neubaugebiet, dann über Wiesen und zuletzt ziemlich steil hinunter bis *Achmüli* (Einkehrmöglichkeit), wo die Goldach auf einer alten Holzbrücke überquert wird. Es folgt ein sanfter Aufstieg nach *Speicherschwendi*. In *Oberschwendi* nehmen wir den Kitzler Höhenweg, der schön angelegt im Wald hinaufführt. Nach Austritt aus dem Wald geradeaus den Wiesenhang bergauf und auf einem wahren Panoramaweg bis *Vögelinsegg*. Hier wird dem Auge viel geboten, von sanfter Hügellandschaft bis zu den Vorarlberger Alpen, dem Alpsteinmassiv und bei klarem Wetter noch einmal der Blick auf den Bodensee.

Unsere Höhenwanderung führt weiter aussichtsreich über *Horst, Waldegg* (Restaurant), *Moosbänkli, Schäflisegg* (Restaurant) nach *Fröhlichsegg*. Beim Waldausgang gehen wir nach rechts, kommen zur *Jägerei* (Einkehrmöglichkeit) und wandern nun hinunter nach *Riethüsli*. Von hier aus den letzten Kilometer stadteinwärts oder mit dem Bus bis *St. Gallen Bahnhof*.

Ein Vorteil des Wanderns in der Schweiz ist die hervorragende Wegmarkierung. So sind auch auf dieser gesamten Route sehr informative Wegweiser angebracht. Außerdem helfen die gelben Hinweise »Wanderweg« oftmals weiter.

89 Romanshorn – Hof – Hungerbüel – Erdhusen – Arbon – Romanshorn (Kanton Thurgau/Schweiz)

Verkehrsmöglichkeiten Romanshorn und Arbon: Bahn, Bus, Schiff. Autofähre Romanshorn – Friedrichshafen.
Parkmöglichkeiten Bei der Hafenanlage in Romanshorn.
Wegmarkierung Gelbe Wegweiser.
Tourenlänge 20 km.
Wanderzeit 5 Stunden.
Höhenunterschiede 60 m.
Wanderkarte 1:75000 Bodensee (gesamt) Kompass Nr. 1c.
Anmerkung Besonders schön zur Zeit der Baumblüte.
Wissenswertes *Romanshorn* siehe Nr. 12.
Arbon siehe Nr. 12.
Tourenbeschreibung Vom Bahnhof in *Romanshorn* gehen wir zunächst die *Bahnhofstraße* hinauf. Beim Schulhaus folgen wir

Zu Tour 88 **Appenzeller Land** (Foto: Verkehrsverein der Stadt St. Gallen)

Bahnhof
Romanshorn
N
Luxburg
Chelhof
Bad
Bad Arbon
Holz
Hof
Spitz
Salmsach
Egnach
Buech
Chratzeren
Holz
Frasnacht
Hungerbüel
Fetzisloo
Steineloo
Büelhof
33
Feilenbach
Langgrüt
Neukirch
Mallisdorf
Wilerbach
Erdhusen
Stachen
Riederen
0
0,5
2 km
33
Chuglersgrüt
Moos

den gelben Wegweisern nach links über die *Salmsacherstraße,* überqueren die Hauptstraße und kommen zu den Häusern von *Hof.* In Hof geht es rechts der Bahnlinie entlang, dann diese überschreitend nach *Hungerbüel.* Den Wegweisern folgend auf kleinem Asphaltsträßchen über *Langgrüt* nach *Erdhusen.* Hier wird die Bahnlinie und Hauptstraße überquert. Beim Wegweiser halten wir uns Richtung Cresta-Winden.

Über *Chuglersgrüt* wandern wir zum Feilenbach, an diesem entlang durch ein kleines Waldgebiet und etwa 200 Meter auf der Straße nach *Mallisdorf.* Weiterhin zwischen Obstgärten gut beschildert zum *Bühlhof,* wo wir die Richtung zum See einschlagen. Bald danach biegt ein Weg scharf rechts ab. Wir folgen diesem bis zur Kirche von *Arbon* und erreichen von hier bald das Seeufer. Auf dem Bodensee-Rundwanderweg geht es zurück nach *Romanshorn.*

(Foto: Ulrich Schnabel)

90 Kreuzlingen – Bottighofen – Münsterlingen – Chli Rigi – Kreuzlingen

Verkehrsmöglichkeiten Kreuzlingen: Bahn, Bus, Schiff.
Parkmöglichkeiten Bei der Kirche St. Ulrich und Bahnhof Kreuzlingen-Hafen.
Wegmarkierung Markierung grün-weiß und gelbe Wanderwegweiser.
Tourenlänge 10 km. **Wanderzeit** 2½ Stunden.
Höhenunterschiede 60 m.
Wanderkarte 1:50000 Bodensee West, Kompass Nr. 1a.
Tourenbeschreibung Vom Hafen in *Kreuzlingen* zunächst durch die weitläufigen Parkanlagen am See entlang. Bald taucht die alte »Seeburg« auf. Im Park des Schlößchens (Café und Restaurant) kann man den alten Baumbestand bewundern und von Terrasse und Garten eine großartige Aussicht auf die Konstanzer Bucht und den Obersee genießen.

Die Wanderung führt uns weiter auf dem Bodensee-Rundwanderweg, meist in unmittelbarer Seenähe über *Bottighofen* nach *Münsterlingen*. Hier an Bahnhof und Post vorbei und nach Überqueren der Hauptstraße auf schmalem Weg nach *Scherzin-*

gen. Bei der ersten Fahrstraße etwa 300 Meter rechts, dann wieder links einen schmalen Fußweg leicht bergan. Wir erreichen die Hauptstraße, folgen ihr 20 Meter nach rechts und biegen links in die *Buregass* (Wegweiser »Chli Rigi«) ein. Zwischen einem alten Riegelhaus und dem Feuerwehrhaus geht es weiter bergauf bis zum Waldrand. Wir wenden uns hier nach rechts und wandern auf einem wahren Panoramaweg über *Chli Rigi* (kleiner Rigi), *Chesbach, Remisberg* und *Römerburg* (schönes Staffelgiebelhaus aus dem 16. Jh.) und an der *St.-Ulrich-Kirche* vorbei wieder zum *Kreuzlinger Hafen.*

Häufig werden bequeme Waldwege auch von Rad-Wanderern benützt. Naturfreunde nehmen aufeinander Rücksicht, einerlei ob »per pedes« oder »per pedale«. (Foto: Ulrich Schnabel, Archiv DWV)

Anschriftenverzeichnis

Deutsches Jugendherbergswerk
Bismarckstraße 8, D-4930 Detmold

Europäische Wandervereinigung e. V.
Reichsstraße 4, D-6600 Saarbrücken

Verband Deutscher Gebirgs- und Wandervereine e. V.
Reichsstraße 4, D-6600 Saarbrücken

Deutscher Alpenverein
Praterinsel 5, D-8000 München 22

Touristenverein »Die Naturfreunde«, Bundesgruppe Deutschland e. V.
Großglocknerstraße 28, D-7000 Stuttgart 60

Fremdenverkehrsverband Bodensee-Oberschwaben e. V.
Schützenstraße 8, D-7750 Konstanz

Schweizerische Verkehrszentrale (SVZ)
Bellariastraße 38, CH-8027 Zürich

Österreichische Fremdenverkehrswerbung (ÖFVW)
Margaretenstraße 1, A-1010 Wien

Naturfreundehäuser im Raum Bodensee

NFH Hegau-Haus
Duchtlinger Straße 55, D-7700 Singen a. H.

NFH In den Herzen
Karl-Wolf-Straße 19, D-7760 Radolfzell,
Information: NFH, Postfach 1425, D-7760 Radolfzell

Naturfreundehaus Bodensee
Konstanzer Straße 3, D-7760 Radolfzell-Markelfingen

Naturfreundehaus Konstanz
(Bootshaus mit Vereinshaus und Zeltplatz in Konstanz)
Wintersteig 11–13, D-7750 Konstanz
Information: Horst von Kampen, Turnierstraße 42, D-7750 Konstanz

Naturfreundehaus Bodman
Kaiserpfalzstraße 97, D-7762 Bodman-Ludwigshafen 2

NFH Wollmatinger Ried
Rudolf-Diesel-Straße 30, D-7750 Konstanz
Information: Gertraud Schildnitz,
Fürstenbergstraße 86, D-7750 Konstanz

Jugendherbergen im Raum Bodensee

DJH Landesverband Baden
Weinweg 43, D-7500 Karlsruhe 1

DJH Landesverband Bayern
Mauerkircherstraße 5, D-8000 München 80

DJH Landesverband Schwaben
Urachstraße 37, D-7000 Stuttgart 1

A-6900 Bregenz
Jugendherberge Bregenz, Belruptstraße 16a

D-7990 Friedrichshafen
Graf-Zeppelin-Jugendherberge, Lindauer Straße 3

D-7750 Konstanz
Otto-Moericke-Turm, Zur Allmannshöhe 18 (im Norden von Konstanz, Vorort)

CH-8280 Kreuzlingen
Villa Hörnliberg, Promenadenstraße 7

D-8990 Lindau a. B./Schw.
Jugendherberge Lindau, Herbergsweg 11a, Ortsteil Reutin

CH-8590 Romanshorn
Jugendherberge Romanshorn, Gottfried-Keller-Straße 6

CH-9000 St. Gallen
Jugendherberge St. Gallen, Jüchstraße 25/Speicherstraße

D-7700 Singen
Jugendherberge Singen am Hohentwiel, Friedinger Straße 28 (beim Stadion)

CH-8260 Stein am Rhein
Jugendherberge Stein am Rhein, Niederfeld, Hemishoferstraße

D-7770 Überlingen
»Martin-Buber-Jugendbegegnungsstätte«, Alte Nußdorfer Straße 26

Wandern mit offenen Augen

(Bilder entnommen aus »Hallwag-Taschenbücher«, Hallwag Verlag Bern und Stuttgart, und aus »Der große Natur- und Landschaftsführer«, Mairs Geographischer Verlag, Stuttgart.)

Die Vogeluhr

Die Vögel des Waldes erwachen nicht alle gleichzeitig. Sie halten pünktlich ihre Zeiten ein, so daß sich eine »*Vogeluhr*« ergibt. Der Hausrotschwanz z. B. meldet sich 75 Minuten vor Sonnenaufgang zuerst; ihm folgen Singdrossel, Amsel (63 Minuten), Rotkehlchen (57 Minuten), Kuckuck (55 Minuten), Zaunkönig (48 Minuten) und Buchfink (29 Minuten). Kurz vor Sonnenaufgang kommen Zilpzalp, Specht und Kleiber. Star und Grünfink lassen sich Zeit bis nach Sonnenaufgang.

Grünspecht
(Männchen)

Buchfink
(Männchen)

Hausrotschwanz
(Männchen)

Amsel
(Männchen)

Grünfink

Star
(Männchen in Frühjahrsfärbung)

Rotkehlchen

Feldsperling

...Der größte Langschläfer unter den Vögeln ist aber – man sollte es nicht glauben – der sonst so flinke und vorlaute Sperling.

Wandern mit Kindern und Jugendlichen

Wandernd die Natur erleben: Spiele, Abenteuerwanderungen, Wander-Rallye und viele weitere Möglichkeiten. Dargestellt von der Deutschen Wanderjugend.

Wandern mit Kompaß und Karte

und anderen Hilfsmitteln zur Orientierung. Beschrieben von Heinrich Streich.

Radwandern gut vorbereiten Technik – Planun – Tips

Rund ums Rad. Kleine Geschichte des Fahrrads. Aufbau und Funktion. Das Fahrrad in seinen Einzelteilen. – Für jeden das richtige Fahrrad. – Aufs Rad und los. – Verhalten im Verkehr. – Radfahren der Gesundheit zuliebe. – Pflegen – Reinigen – Warten.

Wandern gut geplant und vorbereitet

Ratgeber und Wanderregeln. Ausrüstung – Tourenplanung – Quartiersuche u. a. m. Beschrieben von Friedrich Schumacher, mit einem Geleitwort von Otto Wirthensohn, Vorsitzender des Deutschen Jugendherbergswerkes.

Auf den Spuren der Römer im Rheinland

Ausflüge zu den Überresten aus römischer Zeit. Beschrieben von Werner Schönhofen.

Auf den Spuren der Römer vom Main zur Rems

44 Rundwanderungen zu den schönsten Limesstrecken und zu sehenswerten römischen Bauresten. Beschrieben von Karlheinz Eckardt.

Auf den Spuren der Römer von der Rems zur Donau

44 Rundwanderungen zu den schönsten Limesstrecken und zu sehenswerten römischen Bauresten. Beschrieben von Karlheinz Eckardt.

Auf den Spuren der Römer vom Rhein zum Main

37 Rundwanderungen zu den schönsten Limesstrecken und zu sehenswerten römischen Bauresten. Beschrieben von Karlheinz Eckardt.

Lexikon Europäischer Fernwanderwege

Zum Planen einer Wanderung, zum Nachschlagen unterwegs, viele praktische Ratschläge, Hinweise auf Orte, Landschaften, Sehenswürdigkeiten mit Fotos, Zeichnungen und Kartenskizzen. Bearbeitet von Professor Dr. Alfred Herold und Gert Quenzer.

wandern+ radwandern

Die zuverlässigen, tausendfach bewährten Wegweiser mit der Marke ›Kompass‹ und dem roten Punkt

Die schönsten Wanderungen

Ahrgebirge/Osteifel
Allgäu I: Ober-Ostallgäu
Allgäu II: Region Westallgäu
Altmühltal/ Frankenalb Süd
Bayerischer Wald
Berchtesgadener Land
Bergisches Land
Berlin/West
Bodensee
Dresden
Deutsch-Belgischer Naturpark
Eifel (gesamt)
Ems – Weser
Erzgebirge
Fichtelgebirge
Großer Fränkische-Schweiz-Führer
Fränkische Schweiz/ Frankenalb Nord
Frankenwald
Frankfurt-Offenbach
Hamburg
Harz
Hohenlohe mit Georg-Fahrbach-Weg
Hohes Venn
Holsteinische Schweiz
Hunsrück
Lüneburger Heide
Mark Brandenburg
Mittelrhein
Mosel, Wanderregion
Münsterland
Niederrhein
Oberbayern I: Bayr. Voralpen/West
Oberbayern II: Bayr. Voralpen/Ost
Oberlausitz
Oberschwaben
Odenwald
Ostfriesland
Ostseeküste/Rügen
Pfalz
Großer Pfalz-Führer
Rhön mit Vogelsberg
Saarland
Sächsische Schweiz
Sauerland
Schönbuch mit Stuttgart
Schwäbische Alb
Schwäbischer Wald
Schwarzwald Nord
Schwarzwald Mitte: Kinzig – Feldberg
Schwarzwald Süd: Feldberg – Rhein
Spessart
Taunus
Teutoburger Wald
Thüringer Wald 1
Thüringer Wald 2
VVS-Wanderführer Stuttgart
Weser-Leine-Bergland
Westerwald

Streckenwanderwege

Albrandweg
Lech
Mainwanderweg
Main-Neckar-Rhein-Wanderweg
Moselhöhenwege
Rheinhöhenwege
Sauerland-Höhenring
Schwarzwaldhöhenwege
Fernwanderwege im Voralpenland
Westpfalz-Wanderwege

Europäische Fernwanderwege

Lexikon Europäische Fernwanderwege

E 1: Flensburg – Genua
E 3: Böhmerwald – Atlantik
E 4: Pyrenäen – Neusiedler See
E 5: Bodensee – Venedig
Große Wanderwege – Übersichtskarte Europäische Fernwanderwege u.a.m. 1:550000 BRD

DWJ

Deutsche Wanderjugend

Die Deutsche Wanderjugend (DWJ) ist die Jugendorganisation des Verbandes Deutscher Gebirgs- und Wandervereine. Die jugendlichen Mitglieder von sechs bis 25 Jahren pflegen natürlich das Wandern in kind- und jugendgerechten Formen. Die Deutsche Wanderjugend wanderte schon lange aus Freude an der Natur und aus Spaß, bevor das „Volkswandern“ erfunden wurde. Die Kinder und Jugendlichen bei der Wanderjugend lernen, wie man richtig wandert, erfahren alles über eine wandergerechte Ausrüstung von den Wanderschuhen bis zum Rucksack und üben den Umgang mit Kompass und Karte.

Wandern ist aber nur ein Teil der Aktivitäten. Die Jugendarbeit der Deutschen Wanderjugend umfaßt ein viel breiteres Angebot. Die Jugendgruppen der Wanderjugend legen die Inhalte und Schwerpunkte ihrer Arbeit selbst fest. Im Rahmen einer sinnvollen aktiven Freizeitgestaltung werden in der Gruppenarbeit oft musisch-kulturelle Aktivitäten bevorzugt: Basteln, Werken, Pantomime, Laienspiel, kreatives Gestalten, Singen und Instrumentalspiel, Volkstanz. Die vielfältige Bildungs- und Jugendarbeit der Deutschen Wanderjugend erstreckt sich auf Freizeiten, Fahrten, Zeltlager, Lehrgänge zur politischen Bildung, internationale Jugendbegegnungen.

Eine wichtige Aufgabe stellt der aktive Natur- und Umweltschutz für die Wanderjugend dar. Dabei steht v. a. die Erziehung und Bildung der Kinder und Jugendlichen zum umweltbewußten Menschen im Vordergrund.

Wer mehr über uns, die DWJ, wissen will, schreibt an die

DWJ-Bundesgeschäftsstelle, Wilhelmstraße 39, D-7263 Bad Liebenzell.